Hauke Goos

Schöner schreiben

Hauke Goos

Schöner schreiben

50 Glanzlichter der deutschen Sprache
von Adorno bis Vaterunser

Deutsche Verlags-Anstalt

Für Annette

Hauke Goos, Jahrgang 1966, schreibt seit 2001 für das Reporter-Ressort des SPIEGEL. Im Frühjahr 2021 erschien das von ihm und Alexander Smoltczyk herausgegebene SPIEGEL-Buch *Ein Sommer wie seither kein anderer. Wie in Deutschland 1945 der Frieden begann – Zeitzeugen berichten*. Hauke Goos lebt mit seiner Familie in Hamburg.

Inhalt

Vorwort	11
Die Vermessung der Komik *Daniel Kehlmann, Die Vermessung der Welt*	17
Schweigsame Sterne, vergeblich befragt *Stefan Zweig, Magellan*	21
Eine verzweifelte Liebe im Exil *Irmgard Keun über Joseph Roth*	25
Spiel mit der Hoffnung *Christian Kracht, Faserland*	29
Wie tief man mit Worten schneiden kann *Sigmund Freud an C.G. Jung*	33
Aus dem Mordgewühl *Friedrich Schiller, Geschichte des Dreißigjährigen Kriegs*	37
Die Frau, die Kafkas Genie erkannte *Milena Jesenská über Franz Kafka*	41

Die Kunst des Tröstens 45
Erich Kästner, Das fliegende Klassenzimmer

Wie man einen Freund zum Teufel jagt 49
Alfred Kerr, Gerhart Hauptmanns Schande

Der letzte Liebesbrief 53
Ingeborg Bachmann an Paul Celan

**Der berühmteste Gedankenstrich der
deutschen Literatur** 56
Heinrich von Kleist, Die Marquise von O....

Wie man mit vier Worten 20 000 Verse 59
vernichtet
Arno Schmidt, Arno Schmidts Wundertüte

63
Von Schlangen, Adlern und Geiern
Sebastian Haffner, Anmerkungen zu Hitler

67
**Wenn ein Sterbender über das Leben
schreibt**
Wolfgang Herrndorf, Arbeit und Struktur 71

Die Kraft der Lakonie
Hannah Arendt, Eichmann in Jerusalem 75

Wahnsinn in Worte gefasst
Georg Büchner, Lenz

»Bozsik, immer wieder Bozsik« 78
Herbert Zimmermann, Kommentar zum Endspiel
der Fußball-Weltmeisterschaft 1954

Ein Märchen – und der Schrecken, der im Wort
»aber« steckt 82
Hans Christian Andersen, Das kleine Mädchen mit den
Schwefelhölzern

Gottes Wort und Teufels Beitrag 86
Hiob 1,19–21

Wenn die Weltgeschichte vorbeirauscht 90
Rosa Luxemburg an Luise Kautsky

Warum wir begehren, was wir fürchten 94
Elias Canetti, Masse und Macht

Der Versuch, den Tod selbst zu beeindrucken 97
Werner Herzog, Vom Gehen im Eis

Bewegung in der Windstille 101
Franz Kafka, Die Aeroplane in Brescia

Spiel mir das Lied vom Tod 105
Karl May, Winnetou III

Zwei Worte, eine Welt 109
Theodor W. Adorno im SPIEGEL

Die Magie des Adjektivs 112
Joseph Roth, Das Neue Tage-Buch

Diesseits und jenseits der Schmerzgrenze 116
Siegfried Unseld an Thomas Bernhard

Wie man Verhältnisse unverzittert beschreibt 120
Marie-Luise Scherer, Der unheimliche Ort Berlin

Die Magie des Doppelpunkts 124
Egon Friedell, Kulturgeschichte der Neuzeit

Ein trauriger kleiner Satz, der alles zerstört 128
Benjamin von Stuckrad-Barre, Soloalbum

Warum es besser ist, das Leben auszuhalten 131
Rainer Maria Rilke an Ilse Erdmann

Unschuld und frühes Leid: Es war einmal … 135
Brüder Grimm, Aschenputtel

Der Meister des Strichpunkts 139
Thomas Mann, Friedrich und die große Koalition

Ein anderer Blick auf Amerika 143
Wolfgang Koeppen, Amerikafahrt

Worte gegen die Sprachlosigkeit 147
Adalbert Stifter, Die Sonnenfinsternis am 8. Juli 1842

Die Traurigkeit des Revolverschützen 150
Gabriele Tergit, Wer schießt aus Liebe?

Wenn die Sprache modrig im Mund zerfällt 153
Hugo von Hofmannsthal, Brief des Lord Chandos

Der Zauber des letzten Satzes 157
Patrick Süskind, Das Parfum

Die Ohnmacht der Allmächtigen 161
Anna Seghers, Das siebte Kreuz

Die Kunst der Beleidigung 165
Joschka Fischer im Deutschen Bundestag

Wie man wahrhaftig über die Liebe schreibt 168
Urs Widmer, Liebesnacht

Warum Verachtung mitunter hilft 171
Rudolf Borchardt an Robert Davidsohn

Die Farben des Heimwehs 175
Uwe Johnson, Jahrestage

Wie aus Verzweiflung Literatur entsteht 179
Anonyma, Eine Frau in Berlin

Gute Zeiten, schlechte Zeiten 183
Otfried Preußler, Der Räuber Hotzenplotz

Der Blick einer schönen Seele auf die Welt 187
Rahel Varnhagen an Karl August Varnhagen

Das ganze Leben in einer Sentenz 191
Unbekannt, Todesanzeige

Reden über die Absurdität der Welt 194
Mariana Leky, Was man von hier aus sehen kann

»Ich gebe nur Denkanstöße« 198
Marc-Uwe Kling, Die Känguru-Chroniken

In Herrlichkeit. Amen. 202
Vaterunser

Nachweise 205

Vorwort

VIELLEICHT IST ALAIN DELON ein gutes Beispiel. Gerade weil es da nicht um ein Buch geht, nicht um Literatur, nicht mal um Prosa, jedenfalls nicht auf den ersten Blick. »Der eiskalte Engel« also, ein Gangsterfilm von 1967, im Original heißt er, angemessen rätselhaft, »Le Samouraï«. Delons größter Film, immer noch. Er spielt einen Killer, der jeden Trick kennt, der jede Falle vorausahnt, der gelernt hat, dass man seine Gefühle kontrollieren muss, wenn man überleben will. Ein Profi. Selbstverständlich stirbt er am Ende dann doch, aber vorher hat er einen der größten Sätze der Filmgeschichte.

Männer an einem Tisch, so geht die Szene los. Sie spielen, sie rauchen, sie verabreden sich zum Pokern, um zwei Uhr in der Nacht. Er solle Geld mitbringen, sagt einer der Männer zu Delon. Für den Fall, dass er verliere.

Was antwortet man da? Wie antwortet man so, dass es einen Eindruck hinterlässt, bei den Pokerfreunden, beim Publikum? Dass es im Gedächtnis bleibt?

»Ich verliere nie«, sagt Delon, mit unbewegtem Gesicht. »Niemals wirklich.«

Fünf Worte. Eine Welt. Der Satz ist so großartig, dass ich im Kino, als ich den »Eiskalten Engel« zum ersten Mal sah, sofort nach einem Stift kramte. Ein Filmzitat – und gleichzeitig große Literatur, lakonisch, illusionslos, lebensklug. Ein schöner Gedanke, perfekt ausgedrückt: dass einer auch dann gewinnen kann, wenn er verliert. Gerade dann. Dass er etwas gewinnt im Moment der Niederlage. Etwas, das die Niederlage bedeutungslos macht, Würde zum Beispiel. Und dass es vor allem auf Haltung ankommt, im Film, in der Literatur, im Leben.

Je ne perds jamais. Jamais vraiment.

Vielleicht erklärt dieses Beispiel, warum ich »Stellen« sammle. Prosastellen. Sätze, Absätze, kurze Passagen, ein paar Zeilen lang meistens, selten länger als eine Seite. Und warum ich bei der Frage, wo sich solche Stellen finden lassen, ziemlich großzügig bin.

Was eine Stelle für mich zur »Stelle« macht? Wenn ein Inhalt seine Form findet, das vor allem. Wenn das, was gesagt werden soll, präzise und elegant gesagt wird, konzise und anschaulich, verständlich und originell. »Die Würde des Menschen ist unantastbar« ist auch deshalb ein großer Satz, weil man ihn nicht besser sagen kann.

Die angemessene Form für einen Inhalt zu finden ist Arbeit, meistens jedenfalls. Daher kommt das Glücksgefühl, wenn man auf Sätze stößt, an denen alles, aber auch wirklich alles stimmt – jeder, der gern schreibt oder liest, kennt das. Passagen, in denen ein Autor oder eine Autorin einen Gedanken, eine Erfahrung, die Summe jahrelangen Nachdenkens zu Sätzen verdichtet hat, die man genau *so* schreiben muss. Die man, jetzt, da man's gelesen hat, gar nicht anders schreiben *kann*. Die etwas Kompliziertes einfach erscheinen lassen oder etwas Abstraktes so ausdrücken, dass es anschaulich wird; dass es leuchtet. Die etwas in Sprache fassen, das sich kaum in Sprache fassen lässt. Die zeigen, dass jemand sich Arbeit gemacht hat.

Was rief der Benediktinermönch Dom Pérignon in dem Moment, in dem er den Champagner erfand? Sicher, er hätte von Gärung berichten können, von enzymatischen Zersetzungsprozessen oder von der Lösung der Kohlensäure – es wäre alles richtig gewesen, nur erklärt hätte es eben nichts. Er rief: »Komm schnell, ich trinke Sterne.«

Natürlich ist so ein Satz Literatur. So wie Delons Satz Literatur ist. So wie Parteiprogramme (manchmal) Literatur sind. Oder Gesetzeskommentare. Oder Gebrauchsanweisungen. »Zu Risiken und Nebenwirkungen lesen Sie die Packungsbeilage und fragen Sie Ihren Arzt oder Apotheker«: Literatur auch das, irgendwie. Die Warnung in Londoner U-Bahnstationen, »Mind the gap«: rätselhaft, dunkel, Literatur und ein Rat fürs Leben noch dazu.

Zugegeben: Das Sammeln von Prosastellen ist unter allen Hobbys, die es auf der Welt gibt, eines der partyuntauglichsten. Der eine erzählt davon, wie er alle Fußballstadien dieser Erde besucht (*groundhopping* nennt sich das), die nächste baut den Kölner Dom aus Wäscheklammern nach, wieder ein anderer lässt seine Drohne steigen und fotografiert aus der Höhe geometrische Muster.

Ich sammle Stellen.

Nun ja. Wenn man Glück hat, kann man immerhin kurz erklären, was einen an schöner Prosa begeistert. Was den Unterschied macht zwischen einem Gedanken, einer Szene, einem Bild, das jemand halt *irgendwie* aufschreibt – und einer Passage, die das Gemeinte auf einzigartige Weise ausdrückt: mit einem verblüffenden Sprachbild zum Beispiel (»Ich trinke Sterne«), mit einem Gedankenstrich an der richtigen Stelle, mit einem überraschenden Adjektiv, mit Rhythmus, einer Melodie, mit einem ganz eigenen, magischen Sound.

Man erkennt diese Stellen sofort. Weil man innehält, weil man zurückliest, weil man staunt. Und sich freut. Und die Stelle herausreißt. Oder sie auf dem Smartphone archiviert. Oder sie ausdruckt und zu den anderen legt, in die Schublade mit den »Stellen«, die in Wahrheit eine Schatztruhe ist.

Erich Kästner zum Beispiel, in seinem *Fliegenden Klassenzimmer*, als Martin, der Klassenprimus, sich in den verschneiten Park schleicht, weil er mit seinem Kummer endlich allein sein will. Und der Lehrer ihm nachgeht und dann erst einmal stumm danebensteht, weil er weiß, wie Kummer sich anfühlt. »Er wusste«, schreibt Kästner, »dass man mit dem Trösten nicht zu früh beginnen darf.«

Karl Marx und Friedrich Engels, das *Kommunistische Manifest* mit seiner siegesgewissen Revolutionserwartung: »Die Proletarier haben nichts in ihr zu verlieren als ihre Ketten. Sie haben eine Welt zu gewinnen.«

Friedrich Wilhelm Murnau, ein Zwischentitel in seinem stummen Vampirfilm »Nosferatu«, selten hat sich Unheil beiläufiger angekündigt: »Als er die andere Seite der Brücke erreichte, kamen ihm die Phantome entgegen.«

Oder Otfried Preußler, der den Räuber Hotzenplotz erfand und seinen Roman *Krabat* so enden lässt: »Während sie auf die Häuser zuschritten, fing es zu schneien an, leicht und in feinen Flocken, wie Mehl, das aus einem großen Sieb auf sie niederfiel.«

Die Amerikaner, die vor allem, lieben das Sammeln von Stellen. Von ersten und letzten Sätzen, von Prosapassagen und Absätzen, das Internet ist voll mit Listen und Rankings. Die 34 besten Romananfänge aller Zeiten, die 100 schönsten Sätze der Literaturgeschichte, alles *mind-blowing* und *most beautiful*. Und jeder Fund, jeder Hinweis eine Einladung, ein Buch, einen unbekannten Autor, eine Schreibschule zu entdecken.

Wie es ja ohnehin zu dieser seltsamen Passion gehört, sich treiben zu lassen. Von Buch zu Buch, von Autor zu Autor, von Zitat zu Gedicht zu Zeile zu Aphorismus, einmal quer durch die Literaturgeschichte, von Büchner zu Kafka zu Rosa Luxemburg zu Wolfgang Herrndorf zu den *Känguru-Chroniken* und wieder zurück.

Vor Kurzem las ich, dass Vladimir Nabokov, der *Lolita*-Autor, in den Büchern anderer »magische Stellen« suchte. Ein schöner Kompromiss, möglicherweise: Schmetterlinge zu sammeln für den Party-Smalltalk – und Magie für die Zeit zwischen den Partys. Weil man mit Schönheit, mit Anschaulichkeit, mit Eleganz ziemlich gut durch den Alltag kommt, wenn man beruflich etwas mit Schreiben zu tun hat, aber auch sonst.

Seit zwei Jahren habe ich auf SPIEGEL.de die Kolumne »Schöner schreiben«. Ein leicht missverständlicher Titel, die Leser könnten annehmen, ich würde eine Art Schreibtraining anbieten. Dabei will ich vor allem teilen: meine Fundstücke, das zuallererst, meine Begeisterung für Eleganz und sprachliche Schönheit, meine Freude über »Stellen«.

Ein Spiel, mehr nicht. Und wie alle Spiele nur absolut ernsthaft zu betreiben, weil sich Schönheit nur so angemessen feiern lässt. Und was die Ernsthaftigkeit angeht: Man liest ja im Übrigen auch, weil man sich Hinweise erhofft.

Darauf, wie man Stil und Substanz verbindet, wie das Leben gelingt, was das alles hier bedeuten soll. Da hilft es natürlich, wenn ein anderer schon etwas begriffen hat, während man selbst noch tastet. *Ich verliere nie. Niemals wirklich.*

Eine Sucht, das auch. Der Schriftsteller Jörg Fauser, der sich mit Süchten auskannte, hat sein Schreiben einmal so beschrieben: »Immer auf der Suche nach einem Satz, der mehr sagt, als du weißt ...«

Die Leserinnen und Leser meiner Kolumne haben das Spiel sofort angenommen. Einer bezeichnete die kleinen Texte als »Amuse-Gueules«, für einen anderen sind die Kolumnen »wie eine Windharfe im Maschinengewehrgeknatter« des Nachrichtengeschäfts. Schön.

Manche schicken Vorschläge. Jeder Vorschlag ist willkommen, auch wenn nicht jeder Vorschlag in eine Kolumne mündet. Ein sehr großer Dank gilt Ernst Mannheimer, der seine eigenen Fundstücke (und seine Begeisterung für Kunst, für Literatur, für Kluges aller Art) mit verschwenderischer Großzügigkeit teilt. Ich verdanke ihm zahllose großartige Stellen; einige finden sich in diesem Buch wieder.

Schiller also und Christian Kracht, Rahel Varnhagen und Joschka Fischer, Benjamin von Stuckrad-Barre und Hiob, die Eiseskälte von Alfred Kerr, die selbstverzückte Bewunderung von Thomas Mann: 50 »Stellen«, 50 Glücksmomente. Und 50 Verneigungen, das vor allem.

Die Vermessung der Komik

Geschichten wisse er keine, sagte Humboldt und schob seinen Hut zurecht, den der Affe umgedreht hatte. Auch möge er das Erzählen nicht. Aber er könne das schönste deutsche Gedicht vortragen, frei ins Spanische übersetzt. Oberhalb aller Bergspitzen sei es still, in den Bäumen kein Wind zu fühlen, auch die Vögel seien ruhig, und bald werde man tot sein.

Alle sahen ihn an.

Fertig, sagte Humboldt.

Daniel Kehlmann, Die Vermessung der Welt

DIE FRAGE »WAS IST KOMIK?« ist eine der schwierigsten Fragen überhaupt. Wie stellt man Komik her? Was an Komik ist eigentlich komisch, und für wen? Kann jemand komisch sein, der keinen Humor hat? Oder ist Humorlosigkeit vielleicht sogar die Voraussetzung für Komik?

Komisch wirke jeder Mensch, der seinen Weg verfolge, ohne sich um den Kontakt mit den anderen zu bekümmern, schrieb der Philosoph Henri Bergson 1900 in einem Essay, dem er den Titel *Le Rire* gab, zu Deutsch: Das Lachen.

Am komischsten sind Geschichten, die von jemandem handeln, der selbst nicht komisch ist – und der genau das nicht weiß. Der den Unterschied zwischen Ernst und Komik nicht erkennt, weil er Komik nicht kennt. Weniges ist unterhaltsamer als ein Mensch, der keinerlei Gespür für Witz, für Timing, für Pointen hat – und der sich daranmacht, einen Witz (oder eine Geschichte) zu erzählen.

1780 schrieb Johann Wolfgang von Goethe ein Gedicht, das er »Wanderers Nachtlied« nannte. Es ist ebenso schön wie kurz:

Über allen Gipfeln
Ist Ruh',
In allen Wipfeln
Spürest du
Kaum einen Hauch;
Die Vögelein schweigen im Walde.
Warte nur, balde
Ruhest du auch.

Zwei Jahrhunderte später hat Goethes Gedicht in Daniel Kehlmanns Roman *Die Vermessung der Welt* einen grandiosen Auftritt. Kehlmann erzählt, wie sich zwei kauzige Genies Anfang des 19. Jahrhunderts aufeinander zubewegen: der Mathematiker Carl Friedrich Gauß und der Naturforscher Alexander von Humboldt.

Humboldt war bemerkenswert neugierig. Er fuhr in Bergwerke ein und schlug sich durch den Amazonas-Dschungel, bestieg Vulkane, maß die Temperatur von Meeresströmungen und bestimmte die Bläue des Himmels.

Kehlmann beschreibt, wie Humboldt, gemeinsam mit seinem Gefährten Bonpland, im Jahr 1802 den Chimborazo besteigt, den höchsten Berg Ecuadors. Träger begleiten die beiden. Humboldt ist im Frack unterwegs, mit weißer Halsbinde und rundem Hut, dazu trägt er dünne Stiefel. Das ist nach der Mode der Zeit, praktisch ist es nicht. Denn der Chimborazo ist mehr als 6000 Meter hoch, die beiden leiden unter Schwindel und Brechreiz, sie bluten aus Lippen und Zahnfleisch. Bald verlangt es die Gefährten nach Ablenkung.

Geschichten wisse er keine, sagt Humboldt – ein Welterforscher, der inwendig leer ist. Eine Geschichte ist ja nichts anderes als das Destillat einer Erfahrung. Wozu bereist einer die Erde, wenn er am Ende nichts erzählen kann?

Weil Humboldt keine eigene Geschichte parat hat, muss er sich eine fremde borgen. Zum Glück fällt ihm Goethes Gedicht ein. Alexander von Humboldt, der nicht erzählen kann, der letztlich auch nichts zu sagen hat, versucht sich an der größten Erzählung von allen: dem Leben und Sterben des Menschen, Todesnähe und Vergänglichkeit.

Aus Poesie macht dieser Humboldt alsdann Prosa, plattfüßige, leblose Prosa, zielstrebig und mit missmutiger Gründlichkeit: »in den Bäumen kein Wind zu fühlen«. Es steigert das Vergnügen erheblich, dass Kehlmann dieses Desaster im Konjunktiv erzählt, mit großer ironischer Distanz, als würde er seine Figuren durch ein umgedrehtes Fernglas beobachten: »Auch die Vögel seien ruhig.«

Humboldts Blick auf die Welt ist bei Kehlmann der Blick eines Sammlers, der Blätter presst oder Käfer auf Nadeln spießt. Humboldt zeichnet, was er sieht, er bestaunt, was er zeichnet, aber er versteht nicht, was er bestaunt. Die Schätze, die er zusammenträgt, machen ihn nur reicher, nicht tiefer. Bald, sagt Humboldt, werde man tot sein.

Komisch ist das, weil Humboldt dabei vollkommen ernst ist. Weil *es* Humboldt vollkommen ernst ist, während seine Zuhörer allmählich versteinern. Sie sind nicht vorbereitet auf einen, der am Chimborazo, in weißer Halsbinde und mit blutenden Lippen, ohne jede Regung mal so eben eines der schönsten deutschen Gedichte zerstört.

Und was sagt Humboldt, nachdem das Werk vollbracht ist, nach einer Geschichte, die keine ist, nach einer Übersetzung, die nichts übersetzt? »Fertig.« Mehr nicht.

Gibt es etwas Lustigeres? Und zugleich Traurigeres?

Schweigsame Sterne, vergeblich befragt

Immer gleich blau und spiegelnd das Meer, immer gleich wolkenlos und glühend der Himmel, immer gleich stumm, gleich tonlos die Luft, immer gleich weit und gleich rund der Horizont, ein metallener Schnitt zwischen demselben Himmel und demselben Wasser, der allmählich sich tief ins Herz schneidet. Immer das gleiche riesige blaue Nichts um die winzigen Schiffe, dies einzig Bewegte inmitten der gräßlichen Unbewegtheit, immer das gleiche grausam scharfe Licht des Tags, in dem man nur immer das Eine, das Gleiche, dasselbe gewahrt, und immer des Nachts die gleichen kalten und schweigsamen Sterne, die vergeblich befragten.

Stefan Zweig, Magellan. Der Mann und seine Tat

SEIT DER MENSCH seine Heimat verließ, um jenseits des Horizonts nach fruchtbareren, schöneren Flecken zu suchen, weiß er, dass das Meer sehr groß sein kann. »Wie viele Himmel und wie viele Länder ist es wohl her/Seit wir draußen sind auf dem Meer«, dichtete Rio Reiser, und Hans Albers, der vom Meer eine Menge und von Sehnsucht womöglich noch mehr verstand, sang: »Wie blau ist das Meer, wie groß kann der Himmel sein?/Ich schau' hoch vom Mastkorb weit in die Welt hinein.«

Stefan Zweig folgt Magellans Reise ins Unbekannte, Unerforschte, die am Ende eine Reise in den Tod sein wird. Ferdinand Magellan war Kaufmann. Er wollte auf dem kürzesten Weg zu den Gewürzinseln gelangen und auf dem schnellsten Weg reich werden. Der Missionar Bartolomé de las Casas beschrieb ihn als »unscheinbar« und »wacker in seinen Gedanken und zu großen Taten aufgelegt«.

Zweig feiert diesen Magellan als größten Seefahrer aller Zeiten. Der Portugiese hat auf seiner Route gen Westen tatsächlich einen *paso* gefunden, an der Südspitze Südamerikas, einen Durchlass, die später nach ihm benannte Magellanstraße; von dort aus will er weiter nach Westen, zu den Gewürzinseln, und dann zügig nach Hause. Doch der Stille Ozean, der ihn und seine Männer von der Heimat trennt, ist größer als erwartet. Wer vom Mastkorb in die Welt hineinschaut, sieht sehr wenig Welt und sehr viel Nichts.

Stefan Zweig, der vom Meer einiges und noch mehr von der Verzweiflung verstand, beschreibt die Eintönigkeit durch ein vierfaches »immer gleich« – was überhaupt nicht eintönig wirkt, sondern, im Gegenteil, drängend, beklemmend. Und wie findet Zweig von der Weite des gleichgültigen Ozeans zurück zum Menschen, zum Gefühl? Durch den Schnitt, der das Meer vom Himmel trennt und der, allmählich natürlich, tief ins Herz geht. Worauf Zweig, der von der Sprache mindestens ebenso viel verstand wie von der Verzweiflung, das »immer gleich« vom Anfang wiederaufnimmt und variiert: immer das gleiche Nichts, immer das gleiche Licht.

Und was sieht man, wenn es nichts zu sehen gibt? Das eine, das Gleiche, dasselbe, und zwar: immer. Die Männer auf Magellans Schiffen waren der gleißenden Leere so sehr ausgeliefert, dass sie irgendwann anfingen, Leder zu rösten und Ratten zu essen.

Siebenmal hat Zweig bis hierhin das Wort »immer« verwendet, und weil die Verzweiflung erst nachtschwarz werden muss, bevor es mit der Geschichte weitergehen kann, folgt ein achtes »immer«: schweigsame Sterne, *immer* des Nachts vergeblich befragt.

Weil aber selbst das endloseste Meer ein Ufer hat, erreichte Magellan mit seinen Schiffen irgendwann Land. Darum ging es, darum geht es immer, bis heute: zu wissen, dass es einen Weg gibt, aufzubrechen, um diesen Weg zu finden, heimzukehren, um die Gewissheit zu verkünden. Und vorher die Ungewissheit auszuhalten, die schreckliche Angst, dass alles doch nur ein Irrtum sein könnte, ein Missverständnis.

Magellan selber wurde dann auf einer Philippinen-Insel erschlagen. Seine Leute (18 von anfangs über 200) liefen am 6. September 1522, nach beinahe drei Jahren, zerlumpt, entstellt und längst vergessen in den Hafen von Sevilla ein.

Stefan Zweig, Österreicher und »Jude aus Zufall«, veröffentlichte sein Magellan-Buch im November 1938, wenige Monate nach dem sogenannten Anschluss seines Heimatlandes ans Deutsche Reich. Bald darauf ging er, gemeinsam mit seiner Frau, nach Brasilien, »nachdem die Welt meiner eigenen Sprache für mich untergegangen ist«, wie er in seinem Abschiedsbrief schrieb.

Ein »herrliches Wagnis« hatte er die Ausfahrt der fünf winzigen Schiffe genannt, »zum heiligen Menschheitskrieg wider das Unbekannte«.

Ein Wagnis und eine Zumutung war es für Zweig, fern der geistigen Heimat Europa das Leben »vom Grunde aus« neu aufzubauen. Nach dem sechzigsten Jahre, schrieb er, »bedürfte es besonderer Kräfte, um noch einmal völlig neu zu beginnen«. Es sollten seine letzten Worte sein. Zweig spürte diese Kräfte nicht mehr, er war verzweifelt und erschöpft.

Im Februar 1942 nahmen er und seine Frau sich in Petrópolis das Leben.

Eine verzweifelte Liebe im Exil

Bis zur Erschöpfung spielte er zuweilen die
Rolle eines von ihm erfundenen Menschen, der
Eigenschaften und Empfindungen in sich barg,
die er selbst nicht hatte. Es gelang ihm nicht,
an seine Rolle zu glauben, doch er empfand
flüchtige Genugtuung und Trost, wenn er
andere daran glauben machen konnte. Seine
eigene Persönlichkeit war viel zu stark, um nicht
immer wieder das erfundene Schattenwesen zu
durchtränken, und so empfand er sich manchmal
als ein seltsam wandelndes Gemisch von Dichtung
und Wahrheit, das ihn selbst zu einem etwas
erschrockenen Lachen reizte.

Irmgard Keun über Joseph Roth

DIE SPRACHE IST DAS, woran man sich klammert, wenn man alles andere verloren hat: das Zuhause, die Heimat, die Hoffnung.

Die junge Schriftstellerin Irmgard Keun hatte den berühmten Autor Joseph Roth im belgischen Seebad Ostende kennengelernt, während der Emigration, ein kurzes Innehalten auf der Flucht vor den Nazis. Keun, 31 Jahre alt, hatte »das Gefühl, einen Menschen zu sehen, der einfach vor Traurigkeit in den nächsten Stunden stirbt«. Roth, sagte sie später, war verzweifelt, aber er war auch »der beste und lebendigste Hasser«.

Hass war ihr Stimulans und auch seins. Beide hatten Deutschland verlassen müssen. Roths Bücher waren von den Nazis verbrannt, Keuns Bücher waren verboten worden. Beide waren entwurzelt, verloren, einsam zu zweit. Von 1936 bis 1938 waren sie ein Paar.

Beide tranken: Keun heftig, Roth außerordentlich heftig. Er trank gegen seine Einsamkeit und gegen die Unsicherheit, er trank, weil seine Frau an einer unheilbaren Nervenkrankheit litt, er trank, als sie an Schizophrenie erkrankte. Der Alkohol machte ihn ruhelos, die Ruhelosigkeit bekämpfte er mit Alkohol. »Noch nie«, sagte er, »hat einem Alkoholiker der Genuss des Alkohols so wenig gefallen wie mir.«

Roth trank, um zu schreiben, er schrieb, um trinken zu können. Er trank, weil Hitler 1933 an die Macht gelangt war, er trank, weil seine Heimat Österreich sich 1938 jubelnd ans Deutsche Reich anschloss. »Um Gottes willen, Freund, sammeln Sie sich«, bat Stefan Zweig, »ich habe zum erstenmal wirkliche Angst um Sie. Machen Sie mit dem Saufen Schluß!«

Zweig bat vergebens, Keun und Roth waren Gefährten auf abschüssiger Bahn. Irmgard Keun brauchte den Alkohol, um frei zu werden fürs Schreiben, Roth trank, um sich frei zu machen von den Beschwernissen des Lebens – und um klarer zu sehen. Unter ein Selbstbildnis schrieb er: »Böse, besoffen, aber gescheit.« Beide tranken gegen den Untergang ihrer Welt an, gegen den Untergang der Welt überhaupt, gegen das eigene Versinken. Das passte eine Weile zusammen und dann nicht mehr.

Wobei etwas nicht zu Ende sein muss, nur weil es vorbei ist. Manches dauert fort, mitunter tiefer als zuvor. Wie aber blickt man auf einen Menschen zurück, den man verlassen musste, aber nicht vergessen kann?

Roth, sagt Keun, spielte »zuweilen« eine Rolle. Also nicht immer. Er empfand »flüchtige« Genugtuung. Also keine bleibende. Er empfand sich »manchmal« als Gemisch von Dichtung und Wahrheit. Manchmal also auch nicht. Das ist tastend, hoffnungsvoll, zärtlich beinahe; herzzerreißend traurig ist es auch. Keun sieht den Mann, der Roth war, und den, der er sein wollte. Sie sieht auch den Mann, der er nicht sein konnte – eine Richterin, jederzeit bereit, auf mildernde Umstände zu erkennen.

Joseph Roth, das war sein Segen und sein Fluch, sah alles überdeutlich, wenn er betrunken war. Irmgard Keun, das ist eine Gabe, sah Roth überdeutlich, auch wenn sie nüchtern war.

»Er war so verletzbar, daß er sich auch mir gegenüber einer Maske bedienen mußte«, sagte sie später dem Roth-Biografen David Bronsen. Und: »Er war gequält und wollte sich selbst loswerden und unter allen Umständen etwas sein, was er nicht war.« Roth war der Schauspieler seiner eigenen Tragödie. Ein Spieler, der erschrocken lacht, als er merkt, dass er zwar alle anderen ganz, sich selbst aber eben nur beinahe täuschen kann.

Joseph Roth hat sich eines der schönsten Bücher der Weltliteratur abgerungen, den *Radetzkymarsch*, in dem er melancholisch und hellsichtig eine Welt untergehen lässt. »Gebe Gott uns allen einen so leichten und so schönen Tod!«, hatte er am Ende seiner Erzählung »Die Legende vom heiligen Trinker« geschrieben. Er starb 1939 in einem Pariser Armenspital an einer doppelseitigen Lungenentzündung.

Irmgard Keun überlebte ihn um 43 Jahre. Sie schrieb noch manches, wurde vergessen und wiederentdeckt. An die Zeit mit Roth erinnerte sie sich bis zuletzt. »Bis zur Erschöpfung« habe er seine Rolle gespielt, sagte sie. Ein Nachruf, respektvoll, schaudernd auch. Ein Liebesbrief.

Spiel mit der Hoffnung

Also, es fängt damit an, dass ich bei Fisch-Gosch in List auf Sylt stehe und ein Jever aus der Flasche trinke. Fisch-Gosch, das ist eine Fischbude, die deswegen so berühmt ist, weil sie die nördlichste Fischbude Deutschlands ist. Am oberen Zipfel von Sylt steht sie, direkt am Meer, und man denkt, da käme jetzt eine Grenze, aber in Wirklichkeit ist da bloß eine Fischbude.

Christian Kracht, Faserland

———

EINE REISEGESCHICHTE, BEINAHE jedenfalls: von Sylt hinunter an den Bodensee und weiter nach Zürich, von Nord nach Süd, vom Meer in die Berge. Einmal durch Deutschland. Es gibt eine Route, aber keine Richtung, und schon gar kein Ziel.

Reisen ist ja ohnehin meistens eine Illusion, das Ankommen ebenso wie das Unterwegssein. Vom Aufbrechen gar nicht zu reden. Reisegeschichten sind Illusionsgeschichten. In Wahrheit wechseln nur die Landschaften vor dem Fenster, während der Zug sicher im Bahnhof steht.

Eine Haltungsgeschichte also – über einen, der vieles sieht, dem vieles egal und manches überhaupt nicht egal ist, das wenigstens ist die Hoffnung, mit der wir Leser Christian Krachts Hauptfigur hinterherreisen.

Das Schöne an *Faserland* ist ja, dass Kracht mit dieser Hoffnung spielt, ohne sie jemals ganz zu enttäuschen, ohne sie jemals ganz zu erfüllen. *Faserland* ist die Geschichte eines jungen Mannes, der sich an der Oberfläche bewegt – und der kein Aufhebens davon macht, dass sich überall Abgründe auftun.

Kein Aufhebens von etwas zu machen ist immer erst mal gut. Einfach anzufangen, irgendwo, warum nicht in List auf Sylt, warum nicht mit einem Also: »Also, es fängt damit an«.

Ein Märchenton, in einem Antimärchen. Schmuckloser, beiläufiger geht es kaum. Es war einmal. Wobei einer sehr genau denken und schreiben muss, damit es derart beiläufig daherkommt; nichts ist anstrengender, als so zu schreiben, dass es unangestrengt klingt. Krachts Ton schafft mit wenigen Sätzen eine Atmosphäre: Gosch, Jever aus der Flasche, Meer. List auf Sylt, das glitzert. Gosch glitzert auch. »Fisch-Gosch« gilt bei Menschen, die ihren Urlaub im Harz verbringen, als chic. Es klingt glamouröser als beispielweise »Nordsee«, aber natürlich gibt es hier wie dort vor allem: Fischbrötchen.

Eine Fischbude also. Die nördlichste Fischbude Deutschlands. Ein kleines Wort nur. Aber was für ein Resonanzraum.

Als Christian Kracht *Faserland* 1995 veröffentlichte, war mit einem Mal etwas anders in der deutschen Literatur. Rhythmus schien wichtiger als Gehalt, Leichtigkeit schien wichtiger als Gedankenschwere, scheinbare Schmucklosigkeit schien wichtiger als ausgestellte Relevanz. Eine der lustigsten Szenen spielt im Zug, als der Erzähler auf seinem Weg nach Süden plötzlich dem damals sehr bekannten Trendforscher Matthias Horx begegnet, der auf dem Weg nach Karlsruhe ist, natürlich zu einem Trendkongress. Dass der Erzähler an der nächsten Station aussteigt; dass er auf keinen Fall mit diesem Matthias Horx bis Karlsruhe über den bevorstehenden Trendkongress plaudern kann, sagt viel über Trendforscher, fast alles über Trends und einiges über Krachts Misstrauen gegen Bekenntnisse. Gesten zählen, Accessoires, Details. Und Ästhetik, wobei Ästhetik die Haltung nicht ersetzt, sondern Haltung *ist*.

Faserland ist die Geschichte einer Kreisbewegung. Vom Wasser weg, zum Wasser hin. Eine Reisegeschichte. Ein Fluchtprotokoll. Als Leser denkt man die ganze Zeit, es ginge voran, an eine Grenze und darüber hinaus. Aber in Wirklichkeit sind da bloß: eine Fischbude, ein Schiffsanleger, irgendein Meer, irgendein See. »Ich steige ins Boot und setze mich auf die Holzplanke, und der Mann schiebt die Ruder durch diese Metalldinger und rudert los«, so endet der Roman. »Bald sind wir in der Mitte des Sees. Schon bald.«

Je näher man ein Wort ansieht, desto ferner sieht es zurück, hat Karl Kraus geschrieben. Ein schöner Gedanke: Wörter, Bedeutungen lösen sich auf, sobald der Blick auf ihnen verweilt. Fischbude. Fischbude. Fischbude. FISCHBUDE. Lakonischer, egaler wird's nicht. Ist eh alles wurscht, aber dann natürlich doch nicht, im Gegenteil: Krachts Roman ist von einer großen, verzweifelten Ernsthaftigkeit, weil man als Leser immer denkt, da käme jetzt was, dort, wo etwas in Bewegung gerät, eine Wende, eine Einsicht, Rettung womöglich. Und dann, sofort, die Enttäuschung.

In Wirklichkeit, so fängt alles an, ist da bloß eine Fischbude. Was für ein Satz.

Wie tief man mit Worten schneiden kann

Es ist unter uns Analytikern ausgemacht, daß keiner sich seines Stückes Neurose zu schämen braucht. Wer aber bei abnormem Benehmen unaufhörlich schreit, er sei normal, erweckt den Verdacht, daß ihm die Krankeneinsicht fehlt. Ich schlage Ihnen also vor, daß wir unsere privaten Beziehungen überhaupt aufgeben. Ich verliere nichts dabei, denn ich bin gemütlich längst nur durch den dünnen Faden der Fortwirkung früher erlebter Enttäuschungen an Sie geknüpft.

Sigmund Freud an C.G. Jung, 3. Januar 1913

SPRACHE TRÖSTET; SPRACHE VERLETZT. Wer einem Menschen nachhaltig wehtun will, sollte schreiben: Nur ein Brief (oder natürlich eine E-Mail) gibt dem Opfer Gelegenheit, die Worte wieder und wieder und wieder zu lesen, so lange, bis sich das Gesagte (und das Gemeinte) unauslöschlich in die Seele geätzt hat.

Sigmund Freud, der Erfinder der Psychoanalyse, hatte

den Schweizer Psychiater Carl Gustav Jung 1907 kennengelernt, beinahe sechs Jahre bevor er ihm diesen Brief schrieb. Jung hatte sich rasch der Freud'schen Schule angeschlossen. Ihm gefiel es, einer Idee anzuhängen, Freud gefiel es, von Anhängern umgeben zu sein; das reichte. Zwischen den beiden entwickelte sich ein Vater-Sohn-Verhältnis.

Allerdings: Ein Vater-Sohn-Verhältnis ist, unter Psychoanalytikern zumal, für alle Beteiligten ebenso verheißungsvoll wie gefährlich. Zu groß ist die Versuchung, das Handwerkszeug am anderen zu probieren, zu gering die Bereitschaft, eine Befangenheit als Grenze zu sehen und nicht als Ansporn. Wer sein Leben der Seelenkunde widmet, entdeckt überall Neurosen.

Der Sohn, lehrte Freud, will den Tod des Vaters, den er als Rivalen ansieht. Freud war 19 Jahre älter als Jung. Er hatte Jung als seinen »Kronprinzen« bezeichnet. Dieser sollte dazu beitragen, die Psychoanalyse durchzusetzen und die Idee populär zu machen, dass jedes »Ich« bedrängt wird: von moralischen Forderungen auf der einen und sexuellen Bedürfnissen auf der anderen Seite.

Nicht jeder Kronprinz allerdings wartet geduldig, bis der König tot ist. Wer einer Schule anhängt, ist meist begierig darauf, selbst eine zu gründen.

Differenzen hatte es von Anfang an gegeben. Freud führte fast alles auf die Libido zurück, Jung, der sich, zu Freuds Befremden, auch für Okkultes interessierte, mischte religiöse Elemente darunter. 1912 erwuchs aus den Meinungsverschiedenheiten ein Streit. Dieser Brief markiert den Bruch. Er liefert ein schönes Beispiel dafür, wie tief man mit Worten schneiden kann.

An den Anfang stellt Freud eine Finte: Das »uns« bezeichnet ebendie Gemeinschaft, aus der er Jung sogleich, mit kalter Passion, verstoßen wird. Wir sind alle krank, sagt Freud. Das ist so lange kein Problem, wie wir uns dessen bewusst sind.

Und andernfalls? Macht Freud einen Vorschlag, den Jung – darin besteht Freuds boshafte Meisterschaft – nicht ablehnen kann. Den Vorschlag nämlich, die privaten Beziehungen aufzugeben, und zwar »überhaupt«: gänzlich, für immer, wie Militärs einen Posten aufgeben, den zu verteidigen nicht lohnt.

Damit ist der Schlag gesetzt. Freud muss jetzt nur noch dafür sorgen, dass Jung wirklich fällt. Er selbst, schreibt Freud, verliere nichts dabei (anders als Jung), denn an Jung sei er ja längst nur noch durch »den dünnen Faden der Fortwirkung früher erlebter Enttäuschungen« geknüpft. Eine Dreifachkombination, unmittelbar vor dem K. o.: Enttäuschungen gab es auch früher schon; sie sind das Einzige, was die beiden überhaupt noch verbunden hat; gleichzeitig sind sie so wenig bedeutend, dass Freud ihr Fortwirken als »gemütlich« bezeichnen kann. Sie beschweren, wenn überhaupt, sein Gemüt, sind in der Sache jedoch bedeutungslos.

Wer so viel aufwendet, um deutlich zu machen, dass er nichts verliert, offenbart, dass er sehr viel verliert. Der Brief belegt, dass Freud eben mehr als nur »gemütlich« an Jung gebunden war. Es geht um Grundsätzliches: um das Misstrauen, das jeder Vater gegen den Sohn hegt; um die Furcht, die jeder König vor seinem Kronprinzen hat.

Tatsächlich ist das Zerwürfnis zwischen Freud und Jung eine der großen Tragödien der modernen Wissenschaftsgeschichte: ein Vater-Sohn-Drama, das vor ein paar Jahren sogar verfilmt wurde.

Was lässt sich auf einen Brief antworten, der eine Antwort nicht will, nicht braucht, nicht vorsieht? Jung schreibt, wie man die Einladung zu einer Enthauptung quittiert:

»Ich werde mich Ihrem Wunsche, die persönliche Beziehung aufzugeben, fügen, denn ich dränge meine Freundschaft niemals auf ... ›Der Rest ist Schweigen.‹«

Aus dem Mordgewühl

Die Sonne neigt sich eben zum Untergang, indem beide Schlachtordnungen aufeinandertreffen. Heftiger erhitzt sich der Streit an seinem Ende, die letzte Kraft ringt mit der letzten Kraft, Geschicklichkeit und Wut tun ihr Äußerstes, in den letzten teuren Minuten den ganzen verlorenen Tag nachzuholen. Umsonst, die Verzweiflung erhebt jede über sich selbst, keine versteht zu siegen, keine zu weichen, und die Taktik erschöpft *hier* ihre Wunder nur, um *dort* neue, nie gelernte, nie in Übung gebrachte Meisterstücke der Kunst zu entwickeln. Endlich setzen Nebel und Nacht dem Gefecht eine Grenze, dem die Wut keine setzen will, und der Angriff hört auf, weil man seinen Feind nicht mehr findet.

Friedrich Schiller, Geschichte des Dreißigjährigen Kriegs

KAMPF, AUFRUHR, UMSTURZ, Schlacht, Krieg: Wenn Dinge in Bewegung geraten, ist es leicht, die Sprache glänzen zu lassen. Sprache liebt Farbe, Konflikte und Kontraste – es hilft zudem, wenn es um Grundsätzliches geht.

Friedrich Schiller war ein begabter Dichter, ein fleißiger Dramenschreiber – und ein großartiger Prosaschriftsteller. In seiner *Geschichte des Dreißigjährigen Kriegs* schildert er eine der großen Tragödien Europas: das Ringen zwischen Protestanten und Katholiken in der ersten Hälfte des 17. Jahrhunderts, ein endloses, unübersichtliches Hin und Her und Hin, das Bündnisse erzwang und wieder löste, Landstriche verwüstete und den halben Kontinent zurück ins Mittelalter stieß.

Die Schlacht bei Lützen, unweit von Leipzig gelegen, war nicht die größte Schlacht des Krieges. Ein trüber Novembertag 1632, knapp 23 000 Mann Infanterie, rund 13 000 Soldaten zu Pferd, am Ende 6000 Tote, vielleicht auch 9000 – ein Kampf voller Inbrunst, typisch für diesen Krieg und ohne jede strategische Bedeutung.

Zugleich der eher seltene Fall, dass eine einzelne Schlacht noch sinnloser ist als der gesamte sinnlose Krieg. Ein Krieg, schrieb Egon Friedell mehr als ein Jahrhundert nach Schiller, »der ein Menschenalter lang fraß, um zu fressen, und nicht begreifen läßt, warum er anfing, warum er aufhörte und warum er überhaupt auf der Welt war«.

Was einen Chronisten in die schöne Lage versetzt, den Lärm, das Crescendo, das Rennen, Retten und Flüchten mit einem einzigen Satz zum Verstummen zu bringen.

Damit etwas zum Stillstand kommt, muss es zunächst in Bewegung gesetzt werden. »Lebende, die unter den Leichen hervorkrochen, herumirrende Kinder, die mit herzzerschneidendem Geschrei ihre Eltern suchten, Säuglinge, die an den todten Brüsten ihrer Mütter saugten! Mehr als sechstausend Leichen mußte man in die Elbe werfen, um die Gassen zu räumen; eine ungleich größere Menge von Lebenden und Leichen hatte das Feuer verzehrt« – so aufgewühlt liest sich Schillers berühmte Schilderung von der Zerstörung Magdeburgs.

Auf dem Schlachtfeld bei Lützen heißt Bewegung: Aufstellung nehmen, Kommandos geben, gemeinsam singen. Gemeinsam beten. Angreifen, verteidigen, Gelände gewinnen, warten. Gelände sichern, Gelände preisgeben, vorrücken.

Bei Schiller werden Musketenkugeln abgefeuert und Pferde unter ihren Reitern erschossen, Lücken gerissen und wieder aufgefüllt, Linien zusammengezogen, Tapfere belobigt und Verzagte getadelt. Gustav II. Adolf, König der Schweden, stirbt an diesem Novembertag, Graf Pappenheim, General der Katholiken, wird tödlich verwundet. Alles schiebt und stürzt und drängt und flieht, ein »Mordgewühl«, sagt Schiller, mit ehrfürchtiger Begeisterung.

Dann bricht die Dämmerung herein. Alles wird undeutlich. Und Schiller ergreift endlich die Gelegenheit, die Bewegung der Kämpfenden ins beinahe Abstrakte aufzulösen. Indem er das Ringen wie ein Panorama malt, wird eine Geometrie sichtbar, in der Kraft gegen Kraft, Wut gegen Geschicklichkeit, Idee gegen Idee steht. Die Verzweiflung erhebt beide Seiten über sich selbst, was für ein schöner Gedanke; keine kann siegen, keine will weichen.

Als Dichter liebte Schiller die Antithese. Hier und dort, die einen gegen die anderen – Wörter, Sätze, Gedanken stellte er gegeneinander wie Divisionen. Als Historiker schätzte er den Überblick. Um Durcheinander schildern zu können, muss man zunächst eine Vorstellung von Ordnung haben.

Und dann, endlich: Nebel und Nacht. Eine Erlösung. Für Schiller das Zeichen, die Angelegenheit auch sprachlich angemessen ermattet ausklingen zu lassen. »Der Angriff hört auf, weil man seinen Feind nicht mehr findet.« Lapidarer ist selten die Sinnlosigkeit des Krieges in Worte gefasst worden. Alle Gegensätze, alle Feindschaften bedeutungslos, weil alle die Orientierung verloren haben. Ein Tasten und Irren, aber kein Ziel. Ein Krieg, der sich an sich selbst erschöpft.

Die Frau, die Kafkas Genie erkannte

Er war scheu, ängstlich, friedliebend und gut, aber die Bücher, die er schrieb, sind gnadenlos und schmerzhaft. Die Welt war für ihn besiedelt mit unsichtbaren Dämonen, die den schutzlosen Menschen vernichten und an ihm zerren. Er war viel zu hellsichtig, viel zu weise, als dass er hätte leben können, viel zu schwach, um mit jener Schwäche edler, schöner Menschen zu kämpfen, die ihren Kampf gegen die Angst vor Missverständnissen, gegen Unfreundlichkeiten und gegen die intellektuelle Lüge gar nicht antreten können, weil sie im Voraus wissen, dass sie ohnmächtig sind, unterlegen in einer Weise, die den Sieger beschämt.

Milena Jesenská, Nachruf auf Franz Kafka, 6. Juni 1924

»VORGESTERN IST IM Sanatorium in Kierling in der Nähe von Klosterneuburg bei Wien Dr. Franz Kafka gestorben, ein deutscher Schriftsteller, der in Prag gelebt hat« – so beginnt der Nachruf, den Milena Jesenská Anfang Juni 1924 auf Franz Kafka verfasste, den vielleicht größten Dichter des 20. Jahrhunderts.

Heute, fast hundert Jahre später, ist es einfach, Kafkas Größe zu erkennen. Damals, zwei Tage nach seinem Tod, musste Jesenská den Verstorbenen vorstellen; kaum jemand hatte von ihm gehört. Es brauchte Lebensklugheit und Nähe, um einer ahnungslosen Welt zu erklären, was sie verloren hatte.

Milena Jesenská kannte Kafka gut. Sie waren sich in einem Kaffeehaus begegnet und schrieben einander Briefe. Jesenská übersetzte Kafkas Texte ins Tschechische, er erklärte ihr sein Judentum.

Ihre Beziehung war kompliziert und, nach allem, was man weiß, leidenschaftlich platonisch. Offenbar gehörte Kafka zu jenen Menschen, die eine Nähe suchen, die sie nicht ertragen können. Der Briefwechsel, schrieb Kafkas Jugendfreund Willy Haas, sei ein »erschütternder Liebesroman, eine Orgie an Verzweiflung, Seligkeit, Selbstzerfleischung und Selbsterniedrigung«.

Einen Nachruf zu schreiben auf jemanden, den man vergeblich geliebt hat, ist Triumph und Niederlage zugleich. Triumph, weil man das, was einem rätselhaft erschien, nun für alle Zeit (und für sich selbst) enträtseln kann. Niederlage, weil der Tod eines Menschen zahllose Möglichkeiten auf eine einzige Gewissheit reduziert.

Milena Jesenská hatte nur ein paar Stunden für ihren Text. Möglich, dass sie so tief blickte, weil sie kaum Zeit zum Nachdenken hatte. Weil sie fühlte, was sie sagen wollte.

»Sie ist ein lebendiges Feuer, wie ich es noch nicht gesehen habe«, das hatte Kafka selbst 1920 über Milena Jesenská geschrieben. Und hinzugefügt, sie sei »äußerst zart, mutig, klug«. Wenig später lobte er, was er von ihr gelesen hatte, für seine »Sprachmusik«. Ihm gefielen Entschlossenheit, Leidenschaft und Lieblichkeit, vor allem aber gefiel ihm ihre hellsichtige Klugheit.

Möglich, dass Jesenská gar nicht nachdenken musste. Weil sie Kafka nicht nur kannte, besser als viele andere, sondern weil sie ihn *erkannt* hatte.

Er war ein Einzelgänger, schreibt sie, »ein Wissender, ein vom Leben Verschreckter«. Er habe bereits jahrelang an einer Lungenerkrankung gelitten, schreibt sie, »und obwohl er sie behandeln ließ, nährte er sie doch auch und beförderte sie durch seine Gedanken«.

Das ist scharf gesehen. Die Tuberkulose, der Kafka, nicht einmal 41-jährig, erlag, war für ihn lebensbedrohend und zugleich lebensnotwendig. »Sie (die Lungenkrankheit) verlieh ihm ein fast übernatürlich feines Sensorium, eine geradezu erschreckend kompromisslose intellektuelle Verfeinerung; und umgekehrt bürdete er, der Mensch, seine ganze intellektuelle Angst vor dem Leben der Krankheit auf«, schreibt Jesenská.

Jemandem nachzurufen, der sich für die Liebe als zu schwach erwies, bringt die Versuchung mit sich, abzurechnen. Milena Jesenská widersteht dieser Versuchung aufs Schönste. Sie will Kafka für die Nachwelt retten, indem sie ihn erklärt. Das vermeintlich Schwache legt sie als Stärke aus und das scheinbar Verkümmerte als Größe. Das ist anrührend zu lesen; nobel ist es auch. Zu hellsichtig, um zu leben, zu schwach, um zu kämpfen – was für ein Fazit!

Ein Nachruf aus Liebe, von einer Geistesverwandten. Kafkas Schwachheit ist edel, weil sie, die Schwachheit, sich ihrer Schwäche bewusst ist. »Er kannte die Welt in tiefer und außergewöhnlicher Weise«, schreibt Jesenská. »Er selbst war eine außergewöhnliche und tiefe Welt.«

Sie hat diesen Nachruf damals auf Tschechisch geschrieben, er wurde in der Tageszeitung *Národní Listy* veröffentlicht; die Übertragung ins Deutsche ist ein Beispiel dafür, dass auch eine Übersetzung kraftvoll und elegant sein kann.

Milena Jesenská hat Kafka um beinahe 20 Jahre überlebt. Im Mai 1944 starb sie im Konzentrationslager Ravensbrück.

Die Kunst des Tröstens

Aber der Lehrer hielt ihn fest. »Moment, mein Sohn!«, sagte er. Dann beugte er sich zu dem Jungen hinab und fragte ihn sehr leise, als dürften es nicht einmal die Bäume hören: »Hast du etwa kein Fahrgeld?«

Da war es mit Martins tapferer Haltung endgültig vorbei. Er nickte. Dann legte er den Kopf auf die schneebedeckte Brüstung der Kegelbahn und weinte zum Gotterbarmen. Der Kummer packte den Jungen im Genick und schüttelte und rüttelte ihn hin und her.

Der Justus stand erschrocken daneben. Er wartete eine Weile. Er wußte, daß man mit dem Trösten nicht zu früh beginnen darf.

Erich Kästner, Das fliegende Klassenzimmer

KINDERBÜCHER SIND MINDESTENS ebenso sehr Bücher für Kinder wie für Erwachsene. Zu Recht gehen sie davon aus, dass die allermeisten Erwachsenen eine Kindheit hatten und dass viele Erwachsene, manchmal wenigstens, gern wieder Kinder wären.

Die Kunst besteht darin, im Kind den Erwachsenen zu sehen, der es werden wird – und im Erwachsenen das Kind zu erkennen, das er mal war. Das ist anspruchsvoll. Wie es gelingt? Vielleicht mit dem Rat Arthur Schopenhauers: Man gebrauche gewöhnliche Worte und sage ungewöhnliche Dinge.

Erich Kästner, der große Kinderkenner und Erwachsenenfreund, erzählt im *Fliegenden Klassenzimmer* eine Internatsgeschichte vor dem Hintergrund deutscher Sozialgeschichte. Die Eltern von Martin Thaler sind arbeitslos. Sie sind so arm, dass sie ihrem Sohn an Weihnachten nicht einmal die Heimfahrt aus dem Internat bezahlen können.

1933, als *Das fliegende Klassenzimmer* erschien, hatte die Weltwirtschaftskrise ihren Höhepunkt gerade überschritten. In Deutschland waren fast fünf Millionen Menschen ohne Arbeit. Viele von ihnen hatten kein Geld für eine Fahrkarte, sehr viele waren verzweifelt. Ende Januar 1933 wurde Hitler Reichskanzler.

Kästner zeichnet diesen Martin als klugen, stolzen, nachdenklichen, feinfühligen Jungen. Martin hat Heimweh und zeigt es nicht; er liebt seine Eltern und sagt es nicht; er leidet unter ihrer Armut und vertraut sich niemandem an. Eine komplizierte Geschichte. Es geht um die größten Dinge von allen, Stolz, Scham, Liebe, Respekt, erzählt in den allergewöhnlichsten Worten: »Hast du etwa kein Fahrgeld?«

Martin wird diesen Heiligen Abend allein im Internat verbringen, seine Eltern werden das Fest zum ersten Mal ohne ihn feiern, so sieht es jedenfalls aus. Sie haben eine winzige Fichte geschenkt bekommen und sitzen nebeneinander im Dunkeln. Licht, schreibt Kästner, kostet Geld. Die Mutter weint, der Vater seufzt. In ganz Mitteleuropa schneit es. Und im Internat versucht Martin, tapfer zu sein. »Weinen ist streng verboten«, murmelt er im Schlaf. Aber Kästner weiß natürlich, dass der Schmerz mitunter größer sein kann als alle guten Vorsätze. Einen »Roman für Kinder« hat er sein Buch genannt. Es ist kaum zu ertragen.

Gegen Ende der Geschichte, die anderen Schüler sind längst in die Ferien gefahren, stiehlt Martin sich in den winterlichen Park davon, um endlich allein zu sein mit seinem Kummer.

Der Hauslehrer des Internats, von den Jungs ehrfürchtig Justus genannt, folgt ihm, weil ein guter Lehrer immer weiß, was kommt.

Das fliegende Klassenzimmer ist nämlich auch eine Lehrergeschichte. Es geht darum, was einen guten von einem weniger guten Lehrer unterscheidet. Was einen Lehrer ausmacht. Woran man Menschlichkeit erkennt, Weitherzigkeit. Wieso es Güte *und* Strenge braucht, Gerechtigkeit im Großen *und* Großzügigkeit im Kleinen. Wie lange man warten darf. Und wann man handeln muss.

Ob Martin kein Fahrgeld habe, will dieser Justus also wissen – mehr braucht es nicht, um die aufgestaute Verzweiflung des Jungen freizusetzen.

Und dann, Justus steht im Schnee und sieht dem Jungen beim Weinen zu, ein Satz wie ein Weihnachtswunder, so lebensklug, so weise wie wenige: Er wusste, schreibt Kästner, dass man mit dem Trösten nicht zu früh beginnen darf.

Offenbar erinnert sich dieser Justus an etwas: an ein Erlebnis, an eigenes Leid. Weil er seine Kindheit nicht vergessen hat, weiß er, dass Trost Raum braucht. Die Traurigkeit muss erst weichen, damit der Trost Platz finden kann. Eine besondere Gabe ist das: in einem Kind, in *jedem* Kind ebenjenes Kind sehen, das man selbst einmal war, mit allen Ängsten und Hoffnungen.

Eine Begegnung im Schnee. Ein Erwachsener, der sich an seine Kindheit erinnert. Und ein Kind, das in diesem Moment ein wenig erwachsener wird.

Gewöhnliche Worte, ungewöhnliche Dinge. Er wusste, dass man mit dem Trösten nicht zu früh beginnen darf.

Wie man einen Freund zum Teufel jagt

Es gibt seit gestern keine Gemeinschaft zwischen mir und ihm, nicht im Leben und nicht im Tod. Ich kenne diesen Feigling nicht. Dornen sollen wachsen, wo er noch hinwankt. Und das Bewußtsein der Schande soll ihn würgen in jedem Augenblick.
 Hauptmann, Gerhart, ist ehrlos geworden.

Alfred Kerr, »Gerhart Hauptmanns Schande«, in: Prager Mittag, 30.10.1933

SEIT DER MENSCH sprechen gelernt hat, muss er auf seinen Nächsten nicht mehr einprügeln, wenn er erregt oder wütend ist – die Sprache allein ermöglicht Affektabfuhr. Mit Worten kann der Mensch tadeln und spotten, höhnen und beleidigen, verletzen und zerstören. Er kann, wenn er will, sogar vernichten.

Alfred Kerr, der bekannteste Theaterkritiker der Weimarer Republik, hatte den Dichter Gerhart Hauptmann lange verteidigt und gefördert. »Ich schritt mit ihm durch dick und dünn. (Auch durch dünn)«, schrieb Kerr. »Ich hieb nach links und nach rechts, wenn man ihn angriff. Ich schlug ihn selber, wenn er nachließ. Ich gab ihm Zuversicht, wenn er sich raffte.«

Eine Freundschaft entstand so. Hitlers Machtübernahme änderte alles. In vielen deutschen Biografien markiert das Jahr 1933 eine Prüfung. Wer in Deutschland lebte, musste sich entscheiden: gegen Niedertracht, für jüdische Freunde, für Menschlichkeit, gegen das Unrecht. Ein Charaktertest. Hoffnungen, Karrieren, auch Freundschaften zerschellten daran.

Alfred Kerr war am 15. Februar 1933 nach Prag geflohen. Am 10. Mai verbrannten die Nazis seine Bücher, am 13. Mai setzte man ihn auf die Liste jener Autoren, deren Werke »für das deutsche Ansehen als schädigend zu erachten« seien. Im August 1933 wurde er ausgebürgert, über Lugano, Zürich und Paris gelangte er nach London.

Gerhart Hauptmann, fünf Jahre älter als Kerr, unterzeichnete am 16. März 1933 eine Loyalitätserklärung der Deutschen Akademie der Dichtung, Sektion der Preußischen Akademie der Künste – und blieb. Wobei es einen Unterschied macht, ob einer sein Heimatland verlassen *muss* – oder ob er es verlassen *kann*. Ob er vertrieben wird oder freiwillig geht. Wer aber die Wahl hat, sieht sich vor die Notwendigkeit einer Entscheidung gestellt, deren wichtigste Kriterien Moral und Selbstachtung lauten.

1933 in Deutschland zu bleiben, dafür gab es hundert gute Gründe, zumindest für jene, die bleiben durften: Besitz und Ruhm, Bekanntschaften, die Sprache, geschäftliche Beziehungen, Komfort. Und es gab einen Grund, das Land zu verlassen, für jene, die es nicht mussten: Anstand. Wie schwer dieser Grund für Hauptmann wog, weiß man nicht. Was man weiß: Für Kerr wog dieser eine schwerer als die hundert anderen. Wollte sein Freund Gerhart Hauptmann ernsthaft in einem Land leben, das seine, Kerrs, Bücher ins Feuer warf? Konnte er? Und wenn er konnte: Hatte Kerr sich in dem Freund getäuscht?

Kerrs Stil war häufig ironisch, sein Ausdruck salopp. Er konnte allerdings schneidend unironisch, schneidend unsalopp sein. »Ich fordre vom wahren Kritiker: er gebe die Kritik des Hasses und der Liebe, temperiert durch historische Gerechtigkeit«, so absolut verstand Kerr seinen Beruf.

Er rühmte (Heine etwa und Wedekind, Ibsen und Shaw, Else Lasker-Schüler und eben Hauptmann), und er tadelte, beides mit Verve; für das eine wurde er respektiert, für das andere bewundert. Den Aphoristiker Karl Kraus verspottete er als »Nietzscherl« und als »Zwanzigpfennig-Aufguss von Oscar Wilde«, der an »doppelter Epigonorrhö« leide. Kraus nannte ihn dafür eine »Feuilletonschlampe«.

Schleuder und Harfe, das waren Kerrs biblische Werkzeuge. Nach dem Sündenfall sprach Gott zur Schlange: »Weil du solches getan hast, seist du verflucht vor allem Vieh und vor allen Tieren auf dem Felde. Auf deinem Bauche sollst du kriechen und Erde fressen dein Leben lang.«

Alttestamentarisch ist auch der Furor, mit dem Kerr seinen Freund Hauptmann verflucht. Dornen sollen wachsen. Das Bewusstsein der Schande soll ihn würgen. Hauptmann, schrieb Kerr, sei »wurmstichig im Seelengrund«, ein Feigling, ehrlos, gestorben »vor seinem Tode; verachtet selbst von denen, die von allen verachtet sind«.

Umso bemerkenswerter, dass Kerr selbst im Zorn Stilist blieb. Hauptmanns Andenken, setzte er hinzu, »soll verscharrt sein unter Disteln; sein Bild begraben im Staub«. Eine Verdammung. Zwei Bilder. Und ein Semikolon an der richtigen Stelle.

Der letzte Liebesbrief

Ich habe alles auf eine Karte gesetzt und ich
habe verloren. Was mit mir weiter geschieht,
hat wenig Interesse fuer mich. Ich kann, seit ich
aus Paris zurueck bin, nicht mehr leben, wie ich
frueher gelebt habe, ich habe das Experimentieren
verlernt, ich will auch nicht mehr, ich will
ueberhaupt nichts mehr.

Ingeborg Bachmann an Paul Celan, 21. Februar 1952

EINE LIEBESGESCHICHTE IST immer mindestens zweierlei: ein Experiment. Und eine Wette. Ein Experiment, weil aus einem Ich und einem anderen Ich plötzlich ein Wir werden soll. Und eine Wette, weil beide mit hohem Einsatz darauf spekulieren, dass dieses Wir am Ende mehr ist als die Summe der beiden Ichs.

Weil es reizvoll ist, auf den Ausgang eines Experiments zu wetten, lesen Menschen gern Liebesgeschichten. Die meisten ziehen unglückliche Liebesgeschichten glücklichen vor; gerade das Scheitern anderer vermittelt einen guten Eindruck davon, wie gefährdet das eigene Glück jederzeit ist.

Eine Frau und ein Mann also. Nähe und Missverständnisse, Sehnsucht und Enttäuschungen. Dazu Leidenschaft, Zerwürfnisse, Triumphe; ein Drama, das hoffnungsfroh beginnt und in schwarzer Ausweglosigkeit endet.

Die Frau ist Ingeborg Bachmann, die österreichische Schriftstellerin, in Klagenfurt geboren, der Mann ist Paul Celan, Bachmann stellt ihn ihren Eltern als »surrealistischen Lyriker« vor. Celan, »der sehr faszinierend ist, hat sich herrlicherweise in mich verliebt«, schreibt sie 21-jährig im Mai 1948, das ist der hoffnungsfrohe Beginn.

Eine delikate Kombination. Bachmanns Vater war früh in die NSDAP eingetreten, im Krieg hatte er als Offizier gedient. Celan, sechs Jahre älter als Bachmann und Jude, war nur knapp dem Holocaust entkommen, seine Eltern starben in einem Konzentrationslager. Von Anfang an geht es ums Schreiben und ums Schweigen, um das, was man sagen kann, und um das, was sich der Sprache entzieht: Es geht um Täter und Opfer, um Schuld. Celan will mit seinen Gedichten der Toten gedenken, Bachmann will ihm »die Steine von der Brust schieben«. Beide fordern und bitten, fragen und flehen, beide sind überfordert, auf unterschiedliche Weise.

Sie folgt ihm nach Paris. Das Zusammenleben misslingt, Celan heiratet eine andere. Er und Bachmann halten allerdings weiterhin Kontakt, aber etwas hat sich verändert, beide wissen es. Am 16. Februar 1952 schreibt Celan: »Lass uns nicht mehr von Dingen sprechen, die unwiederbringlich sind.« Und: »Du schaffst, mit ein paar Worten, die die Zeit in nicht gerade kleinen Abständen vor Dich hinstreut, Undeutlichkeiten, mit denen ich nun wieder ebenso schonungslos ins Gericht gehen muss wie seinerzeit mit Dir selber.«

Die Angst vor Undeutlichkeiten beherrscht beide – zumal manches, was für den einen undeutlich erscheint, für den anderen klar und überdeutlich sein kann. Darf man, nach der historischen Katastrophe des Holocaust, noch Gedichte schreiben? Kann man? Kann die Sprache, kann die deutsche Sprache ausdrücken, was unvorstellbar ist?

Celan will Nähe, gleichzeitig will er Abstand. Er schreibt ihr: »Und bitte komm nicht meinetwegen nach Paris! Wir wuerden einander nur weh tun, Du mir und ich Dir – was haette das fuer einen Sinn, sag?«

Am 21. Februar antwortet Ingeborg Bachmann: »Ich verstehe Dich und ich verstehe Dich nicht.« Die Undeutlichkeiten, mit denen Celan ins Gericht geht, seien eine Folge davon, »dass ich ins Leere spreche«. Sie habe »alles auf eine Karte gesetzt« und verloren, schreibt sie. Es ist das Eingeständnis einer Niederlage. »Was mit mir weiter geschieht, hat wenig Interesse fuer mich«, fährt Bachmann fort, beinahe erloschen – ein Mensch, der »das Experimentieren« verlernt hat, gerade das also, was Leben ausmacht. Andererseits: Achtmal ich. Acht Trostzeichen in der Verzweiflung. Acht Versuche einer vorsichtigen Entflechtung, der Selbstvergewisserung, Selbstbehauptung, Selbstrettung. Wir waren. Ich bin.

Jahre später finden beide noch einmal zueinander, leidenschaftlicher sogar als zuvor, bevor sie sich erneut trennen, diesmal für immer. »Ich bin oft sehr bitter, wenn ich an Dich denke«, schreibt Ingeborg Bachmann 1961. »Manchmal verzeihe ich mir nicht, dass ich Dich nicht hasse.« Ein letzter Brief, eine Art Selbstgespräch. Ingeborg Bachmann schickt ihn nicht ab.

Der berühmteste Gedankenstrich
der deutschen Literatur

Hier – traf er, da bald darauf ihre erschrockenen Frauen erschienen, Anstalten, einen Arzt zu rufen, versicherte, indem er sich den Hut aufsetzte, daß sie sich bald erholen würde, und kehrte in den Kampf zurück.

Heinrich von Kleist, Die Marquise von O....

―――

EINE FRAU ERWARTET ein Kind. Sie weiß nicht, von wem; das kommt vor. Sie weiß nicht, wann und wie es passiert ist, wie es *überhaupt* passieren konnte; das ist selten. Denn es ist nicht so, dass es zu viele Kandidaten gäbe. Es gibt keinen einzigen. Die Marquise, verwitwet und »von vortrefflichem Ruf«, hat keinerlei Erklärung für ihre Umstände, das hat es nicht gegeben, seit Maria mit Jesus schwanger ging.

Heinrich von Kleists Novelle »Die Marquise von O....« erzählt eine unerhörte Begebenheit. Ist es denkbar, dass eine Frau schwanger wird, ohne davon das Geringste zu bemerken? Und wenn es denkbar ist: Wie erzählt man das? Wie erzählt man das zu Beginn des 19. Jahrhunderts, im sittenstrengen Deutschland, ohne gleich einen Skandal zu verursachen?

Kleist schildert zunächst eine Kriegsszene. Soldaten erstürmen eine Zitadelle, Frauen geraten in Bedrängnis, die Marquise verliert das Bewusstsein. Worauf ein russischer Graf die Szene betritt, der die Ohnmächtige beschützt, rettet, bewahrt.

Und dann: ein Gedankenstrich. Der berühmteste, kühnste Gedankenstrich der deutschen Literaturgeschichte. Kleist setzt ihn an eine Stelle, an der kein Gedankenstrich stehen müsste, das jedenfalls ist der erste Eindruck. Ein Gedankenstrich ist ja nichts anderes als ein Pausenzeichen, eine Auslassung. Wer ihn setzt, sollte zuvor einen Gedanken gehabt haben, den er auslassen kann. Wo aber hätte hier ein Gedanke Platz, in dem schmalen Raum zwischen dem »Hier« und dem »traf er Anstalten«?

Der zweite Eindruck (und es braucht, das gehört zur Magie dieser Erzählung, einige Seiten, bis er entstehen kann): Dieser Gedankenstrich ist so zwingend, dass es einen schwindelt. Ein Satzzeichen, das einen Abgrund aufreißt. Denn ausgerechnet der Retter erweist sich als Vater des Kindes. Hat er die ohnmächtige Marquise vergewaltigt? Und wenn ja: Wie ginge es danach weiter?

Auf den ersten Blick also: so gut wie nichts. Und auf den zweiten Blick: alles. Eine Ungeheuerlichkeit. Ein Gedankenstrich, der eine Welt zum Einsturz bringt.

Durch den Gedankenstrich schafft Kleist eine Leerstelle, um die er herumschreiben kann. Kleist schweigt, aber er macht das Schweigen unüberhörbar. Schreiben heißt ja meistens, zu sagen, was ist. Gut schreiben heißt manchmal, nicht alles zu sagen, was man weiß. Manches, was im Vorbeilesen wahrgenommen wird, erhält erst später seinen Sinn, das ist der Unterschied zwischen Journalismus und Literatur.

Eine ähnliche (und ähnlich berühmte) Auslassung gibt es übrigens in »Vertigo«, Alfred Hitchcocks Film von 1958, auch eine Geschichte, in der ein Mann einer Frau Gewalt antut. Kim Novak ist in die Bucht von San Francisco gesprungen, unterhalb der Golden Gate Bridge, James Stewart hat sie gerettet. Am nächsten Morgen erwacht sie in seinem Bett. Langsam fährt die Kamera über ihre Kleider, die Stewart zum Trocknen aufgehängt hat. Offensichtlich ist sie nackt. Anscheinend war auch sie nicht bei Bewusstsein, als Stewart sie rettete. Sie weiß, dass er sie nackt gesehen hat, er weiß, dass sie das weiß. Was sie nicht weiß: was sonst noch in dieser Nacht geschah.

Und dann, am nächsten Morgen? Ein Blick, nicht mehr. Was wäre dazu auch zu sagen?

Wenn Filme starke Gefühle zeigen, dann nimmt die Kamera die Darsteller häufig von hinten auf. Eine bebende Schulter wirkt stärker als jedes verzerrte Gesicht, weil in diesem Fall nicht der Schauspieler die Arbeit macht, sondern der Zuschauer, der allein ist mit seiner Fantasie.

Kleist schreibt, wie Hitchcock filmt: mit dem Rücken zum Publikum. Er zeigt so wenig wie möglich und so viel wie nötig. Sein Gedankenstrich ist eine Respektbezeugung. Kleist traut uns zu, dass wir den ausgesparten Raum mit Bedeutung füllen. Dass wir die Arbeit machen – eine schöne, verstörende Zumutung.

Wie man mit vier Worten 20 000 Verse vernichtet

S. H. Herrn
F.G. Klopstock, Superintendent.
Schul-Pforta
bei Naumburg/Saale.
Sehr geehrter Herr!
Anbei den Messias zurück.
Ihr
Arno Schmidt.

Arno Schmidt, Arno Schmidts Wundertüte –
Eine Sammlung fiktiver Briefe aus den Jahren 1948/49

———

IM JAHR 1773 vollendete der Dichter Friedrich Gottlieb Klopstock das Werk seines Lebens: die Passionsgeschichte Jesu, ausgeführt als christliches Heldengedicht, eine Art Best-of aus Matthäus-, Markus- und Lukas-Evangelium. Klopstock zielte hoch, weil er tief fühlte. Fast 20 000 Verse, Parallelhandlungen und Goldglanz, Engel und Dämonen, kosmischer Krieg und Transzendenz, Auferstehung, Posaunenrufe und dazu ein wenig Apokalypse.

Klopstock war ein deutscher Großdichter. Er hatte Oden und geistliche Lieder verfasst und über Poesie und Freundschaft nachgedacht, während Goethe noch immer am *Ur-Faust* herumwerkelte; jetzt wollte er Unsterblichkeit. 20 000 Verse sind ein gewichtiges Argument, um sich in die Geschichte einzuschreiben. Sein Epos nannte Klopstock bescheiden »Messias«.

Es gibt viele Möglichkeiten, ein solches Werk zu tadeln. Man kann die Länge kritisieren, das Vollgestopfte und Unaufgeräumte der Unternehmung, das, was die ZEIT einmal »poetisches Gestrüpp« nannte.

Man kann sich über die Prätention und das allzu Gewollte lustig machen, über das Bestreben, jede erreichbare Zutat auch tatsächlich zu verwenden. Man könnte, um bei der Form zu bleiben, Klopstocks Monumentalbau mit 20 000 Spottversen zum Einsturz bringen. Man kann natürlich auch einfach eine Autorenlesung beschreiben, wie es Klopstocks Dichterkollege Ludwig Tieck tat:

»Er las uns heute aus dem Klopstock etwas vor; liest sehr schlecht, und dann machte mir auch der unaufhörliche Kram von Engeln und bösen Geistern, die unverständlichen Verse, und daß das Gedicht durchaus nicht spaßhaft war, so viel Langeweile, daß mir die Kinnbacken vom verbißnen Gähnen weh taten; meine Augen gingen endlich davon über, und er hielt es für Rührung.«

Weniges ist so anspruchsvoll wie die Kunst, ein Werk herabzusetzen oder einen anderen Menschen zu beleidigen. Nicht: ihn mit Schimpfwörtern zu belegen. Sondern: ihn zu treffen, mit einem Satz, einer Beobachtung, einem Wort, von dem er sich nicht mehr erholt.

Man kann das großkalibrig erledigen, voller Wut. Berühmt ist der Ausspruch der Kriegsreporterin Martha Gellhorn, die zu ihrem Stiefsohn Sandy, nach allem, was man weiß, ein eher kompliziertes Verhältnis hatte. »Motivation kommt von Mumm, Fantasie und Willenskraft, von innen. Du hast keine«, schrieb sie ihm. »In meinen Augen bist Du ein armes, dummes Würstchen, ich würde mich so schämen, Du zu sein, daß ich mich von der Klippe stürzen würde.«

Arno Schmidt wählt nicht die Axt, sondern die Pinzette. Schmidt, Polizistensohn und Sprachspieler, empfindlich und hochmütig, machte allerdings zeitlebens keine Kompromisse, in der Bewunderung nicht und nicht in der Verachtung.

Er schreibt also diesem Klopstock, der von Ewigkeit träumt, einen Brief, mit hinterhältiger Akkuratesse. S.H. (Seine Hochwohlgeboren), Titel, Adresse. Sehr geehrter Herr. Ein Anlauf, ein Ausrufezeichen, ein letztes Atemholen. Und dann?

»Anbei den Messias zurück.«

Kein Wort mehr. Kein Wort zu viel. 20 000 Verse, Harfengetön und Menschheitsgeschichte, Sünden, Gotteszorn, Erwartung, Erlösungsglanz – und vier Worte, die das gewaltige Epos als Anmaßung entlarven, als Luftnummer. Eine Zumutung, über die es, Gott sei Dank, nicht mal zu reden lohnt.

Von funkelnder Perfidie ist natürlich das unscheinbare, teuflisch-tückische »anbei«. Verlagsleute schickten früher mit diesem Wörtchen unaufgefordert eingesandte Manuskripte zurück, sie machten so die Bemühung von Jahren zum Anhang, zur Nebensache. Schmidt kannte dieses »anbei« aus eigener Erfahrung. Er kannte auch seine Wucht, das Demütigende, das in der Beiläufigkeit liegt. Zu unserer Entlastung reichen wir Ihnen Ihre Unterlagen zurück.

Wie aber endet man, nachdem man gerade einen Sakralbau, errichtet aus Ehrgeiz und dröhnender Langeweile, in die Luft gejagt hat? Gleichgültig-freundlich, mit einem Achselzucken.

»Ihr Arno Schmidt.« Ein Gruß, ein Nicken – und ein Punkt wie eine Schusswunde.

Von Schlangen, Adlern und Geiern

Ob Hitler der Weimarer Republik, ob er dem Pariser Friedenssystem den Todesstoß versetzte, ob er die deutschen Konservativen oder ob er Frankreich überrannte: Immer stürzte er nur das Fallende, tötete er nur das schon Sterbende. Was man ihm zugestehen muß, ist ein Instinkt dafür, was schon im Fallen, was schon im Sterben war, was nur noch auf den Gnadenschuß wartete – ein Instinkt, den er allen seinen Konkurrenten voraushatte (er hatte ihn schon als junger Mann im alten Österreich gehabt), und mit dem er sowohl seinen Zeitgenossen als auch sich selbst mächtig imponierte. Aber dieser Instinkt, zweifellos für einen Politiker eine nützliche Gabe, gleicht weniger dem Blick des Adlers als der Witterung des Geiers.

Sebastian Haffner, Anmerkungen zu Hitler

POLITIKER MIT TIEREN zu vergleichen ist anspruchsvoll, das gilt unter Biografen, ebenso wie unter Politikern, als ausgemacht. Besonders heikel sind Tiervergleiche, wenn es um Gewaltherrscher geht. Es macht den Beschriebenen klein (und das Beschriebene niedlich), wenn jemand, der die Weltgeschichte blutig umgestürzt hat, listig wie eine Schlange oder schlau wie ein Fuchs sein soll.

Darf man Hitler also beschreiben, indem man Vergleiche aus der Tierwelt heranzieht? Kann man das?

Sebastian Haffner, mit 31 Jahren nach England emigriert, war ein großer Publizist und ein womöglich noch größerer Stilist. Was er jedenfalls wusste: Wer einen Tiervergleich verwenden will, muss ihn vorbereiten.

Fragen an Hitler, Fragen an Hitlers Gefolgsleute gibt es viele. Wer war dieser Mann? Woher kam er? Wofür stand er? Was hatte ihn groß, was hat ihn möglich gemacht?

Man kann das auf 1100 Seiten ausbreiten, wie Joachim Fest, der seinen Großversuch 1973 bündig *Hitler – Eine Biographie* nannte. Man kann allerdings auch versuchen, das Ganze auf weniger als 200 Seiten abzuhandeln.

Haffners *Anmerkungen zu Hitler*, 1978 erschienen, sind in ihrer Prägnanz auch ein Kommentar zu Fests Buch, zu Fests Geschichtssicht, zu Fests Art, Geschichte zu erzählen. So schwer ist dieser Hitler nicht zu verstehen, sagt Haffners Skizze. Man muss nur das, was zutage liegt, ein wenig ordnen und raffen.

Hatte Hitler Erfolge? Ja, wenn man das, was er erreicht hat, an dem misst, was er erreichen konnte. Die Jahre bis 1941, bis zum Kriegseintritt der USA, waren Jahre, in denen Hitler, zum Entsetzen seiner Gegner, fast alles zu gelingen schien. Die Arbeitslosigkeit beseitigt; den Terror der SA gebändigt; die Olympischen Spiele nach Berlin und die nach dem Ersten Weltkrieg verloren geglaubten Gebiete zurück ins Deutsche Reich geholt – wer über die Beseitigung der Parteien, die Zerstörung der Demokratie und die Drangsalierung der Juden hinwegsah, konnte über Hitlers Erfolge tatsächlich staunen. Die Weimarer Republik beiseitegeschoben und die Friedensordnung von Versailles, die deutschen Konservativen »überrannt«, wie Haffner schreibt, und Frankreich gleich mit – das waren, nicht nur aus Hitlers Sicht, Triumphe.

Haffners Leistung besteht darin, diese Erfolge einzuordnen. Sie waren wenig wert, sagt Haffner. Hitler verdankte sie der Schwäche seiner Gegner, nicht eigener Stärke; er verdankte sie, in den Worten Golo Manns, der Blindheit und Zerfahrenheit der anderen. Sie waren nicht die Wunder, als die sie der Welt (und Hitler selber) erschienen. »Immer stürzte er nur das Fallende«, schreibt Haffner, »tötete er nur das schon Sterbende.«

Ein großer Gedanke: Hitler schlug, was sich nicht wehren konnte. Tatsächlich hatte er einen Instinkt für Erfolge, die mühelos errungen werden konnten – einen Instinkt, sagt Haffner mit spöttischer Verachtung, mit dem er seinen Zeitgenossen und auch sich selbst mächtig imponierte. Allerdings: Hitler hatte wenig mehr außer eben diesen Instinkt. Er hatte Erfolge, aber keinen Erfolg.

Und dann, solcherart vorbereitet: ein Vergleich, der die Beobachtung zur Pointe veredelt. Hitlers Instinkt, sagt Haffner, gleiche »weniger dem Blick des Adlers als der Witterung des Geiers«.

So einfach. So kühl. Und so elegant. Mehr ist zu Hitlers Erfolgen nicht zu sagen. Die nachfolgenden Kapitel bei Haffner lauten: Irrtümer. Fehler. Verbrechen. Verrat.

Ein Geier, kein Adler.

Darf man einen wie Hitler beschreiben, indem man Vergleiche aus der Tierwelt heranzieht?

Man darf. Wenn man kann.

Wenn ein Sterbender über das Leben schreibt

Beim Erwachen spüren, wie man vor einer Zehntelsekunde noch nicht wach gewesen war, und sich wünschen, nicht wach geworden zu sein, danach schlaflos. Stundenlang über die Steuererklärung nachgedacht. Ich habe keine Angst vor dem Tod, aber eine panische Angst vor der Steuererklärung. Auch vor anderen Kleinigkeiten, die gemacht werden müssen. Die eigentlich nicht gemacht werden müssen, aber die nicht zu machen einen solchen Schritt aus der Richtung des Lebens heraus bedeutet, daß man gleich aufhören könnte.

Wolfgang Herrndorf, Arbeit und Struktur

EIN MANN STIRBT. Und weil der Mann gern lebt, und weil er gern schreibt (weil es manchmal hilft, für das, was man nicht begreift, Worte zu suchen), schreibt er auf, wie das ist, wenn man stirbt. Wie es sich anfühlt. Was es mit einem macht. Und weil der Mann klug ist, ist es am Ende auch ein Buch darüber geworden, wie es ist, wenn man lebt. Wie sich das Leben anfühlt. Was es bedeutet, sich zu freuen, glücklich zu sein, Freunde zu haben.

Wolfgang Herrndorf war Zeichner, Maler, Schriftsteller. 2010 entdeckten die Ärzte bei ihm einen bösartigen Hirntumor. Herrndorf beschloss, weiter zu schreiben: über sein Leben, über das Leben mit dem Tumor, über den Tod.

Heikel ist das: persönlich zu schreiben und trotzdem nicht indiskret, ehrlich, aber nicht weinerlich. Sich als Mensch sichtbar zu machen, der am Leben hängt und der Angst vor dem Ende hat – und dennoch Schriftsteller zu bleiben. Fast immer mischt sich Unbeugsamkeit mit Verzweiflung, Nähe mit dem Wunsch nach Distanz, Tapferkeit mit Furcht.

Eine Frage des Tons also, das vor allem. »Beim Erwachen spüren, wie man vor einer Zehntelsekunde noch nicht wach gewesen war, und sich wünschen, nicht wach geworden zu sein«, notiert Herrndorf am 10. Juli 2011 – »danach schlaflos«. Zwei Wörter nur. Eine nachgeschobene Notiz, die, gerade weil sie so beiläufig und schmucklos ist, den ganzen Schrecken enthält.

Herrndorfs bekanntestes Buch ist *Tschick*, die Geschichte zweier Jungs, die mit einem geklauten Lada durch Ostdeutschland fahren. Schon in diesem Roman findet er einen besonderen Ton, einfach und beinahe mündlich, der klug und tief ist und oft sehr, sehr lustig. Der Herrndorf-Sound. Beim Lesen hat man sofort das schöne Gefühl, dass da jemand ist, der weiß, wovon er spricht.

»Wagenbach ließ seinen Blick einmal über die Klasse schweifen und stellte sich in Positur«, schreibt Herrndorf. »Ich glaube, er wäre wahnsinnig gern Schauspieler geworden oder Kabarettist. Aber es hatte nur zum Arschloch gereicht.«

Lakonie hilft, eine Zeitlang wenigstens. Er habe keine Angst vor dem Tod, schreibt Herrndorf, während er wach liegt und sich wünscht, nicht wach geworden zu sein – nur Angst vor der Steuererklärung und anderen Kleinigkeiten.

Was natürlich nur eine Pointe ist. Und auch wieder nicht. Kleinigkeiten wie die Steuererklärung sind ja nur scheinbar klein. Tatsächlich sind sie sehr groß. Weil die meisten Leben ohnehin nur aus verschieden großen Kleinigkeiten bestehen; weil die Kleinigkeiten einem Leben Struktur und dem Menschen Halt geben. Wobei die Größe eines Lebens am Ende auch davon abhängen kann, ob all die Kleinigkeiten sich vervielfachen oder nur addieren. Ob sie eine Summe ergeben. Oder ein Produkt.

Wolfgang Herrndorf hat seine Notizen für seine Freunde geschrieben und später in einem Blog veröffentlicht. 2013 erschien der Text als Buch, unter dem Titel *Arbeit und Struktur*. Warum das Buch berührt, obwohl es an keiner Stelle rührselig ist? Vielleicht darum: weil Herrndorf die großen Dinge – Krankheit, Sterben, Angst, Abschied – so groß macht, wie es eben notwendig ist. Aber auch nicht größer.

»Isa umarmte mich noch mal und rannte davon. ›Ich meld mich!‹, rief sie«, schreibt Herrndorf in *Tschick*. »Und ich wusste, dass ich sie nie wiedersehen würde.«

Gut, denkt man, wenn man Herrndorf liest – gut, dass da einer ist, der sehr viel verstanden hat vom Leben und es für einen aufschreibt. Damit es nicht verloren geht. Damit man es nachlesen kann, wenn das eigene Leben mal ins Rutschen gerät.

Und am Ende, wenn alles vorbei ist, denkt man dann, dass man sich gern noch bei Wolfgang Herrndorf bedanken würde, für seine Aufrichtigkeit, seine Ehrlichkeit, für all die großen Kleinigkeiten; eigentlich für fast alles.

Am 26. August 2013 hat Wolfgang Herrndorf sich in Berlin erschossen. Er wurde 48 Jahre alt.

Die Kraft der Lakonie

In diesen letzten Minuten war es, als zöge
Eichmann selbst das Fazit der langen Lektion
in Sachen menschlicher Verruchtheit, der wir
beigewohnt hatten – das Fazit von der furchtbaren
Banalität des Bösen, vor der das Wort versagt und an
der das Denken scheitert.

Hannah Arendt, Eichmann in Jerusalem

IN DER NACHT zum 1. Juni 1962 wurde Adolf Eichmann, zum Tode verurteilt unter anderem wegen »Verbrechen gegen die Menschheit«, im Ajalon-Gefängnis von Ramla hingerichtet.

Während des Krieges hatte Eichmann von Berlin aus die Verfolgung und Deportation der europäischen Juden organisiert. Er hatte die Transporte in die Vernichtungslager geplant, die Züge zusammengestellt und darauf gesehen, dass sie ausgelastet waren und pünktlich fuhren.

Der Prozess gegen ihn dauerte acht Monate. Unter den vielen Büchern, die über diesen Prozess geschrieben wurden, ist Hannah Arendts *Eichmann in Jerusalem* das bekannteste, nicht zuletzt wegen seines Untertitels: *Bericht von der Banalität des Bösen*.

Arendt, 1906 in Hannover geboren, hatte Deutschland 1933 verlassen. Als sie von Auschwitz erfuhr, 1943 im amerikanischen Exil, schrieb sie: »Das war wirklich, als ob der Abgrund sich öffnete.« 1961 reiste sie nach Jerusalem, um für den *New Yorker* über den Prozess zu berichten.

Ihr Bericht ist auch der Versuch, einen Täter zu verstehen, der den Zusammenhang von Verantwortung und Schuld nicht zu kennen schien. Eichmann war, in Arendts Worten, einer der größten Verbrecher seiner Zeit und zugleich ein Hanswurst.

Heute weiß man, dass Eichmann nicht so ahnungslos war, wie er sich gab. Trotzdem: In seiner bürokratischen Akkuratesse ist sein Verbrechen einerseits beispiellos und anderseits banal, ohne jedes Geheimnis. Arendt beschreibt einen Menschen, der half, Millionen andere Menschen zu ermorden, einfach weil er es *sollte*. Und weil er es *vermochte*. Und der gerade deshalb so gewissenhaft vorgehen konnte, weil er kein Gewissen hatte.

Arendts Ton ist kühl, oft ironisch, bisweilen sarkastisch. Ihr Freund Gershom Scholem warf ihr später einen Mangel an »Herzenstakt« vor, ihr »Stil der Leichtherzigkeit« sei mitleidlos den Opfern gegenüber.

Allerdings gibt es in diesem verstörenden Buch einen Konjunktiv, ganz am Ende, der nicht leichtherzig ist und nicht ironisch.

Hannah Arendt schildert, wie Eichmann zur Hinrichtung geht. Als die Wärter ihm die Füße zusammenbinden, sagt er: »So kann ich nicht stehen.«

Als sie ihm eine schwarze Binde anbieten, sagt er: »Nein, das brauche ich nicht.«

Ein Pedant mit einem Sinn fürs Praktische. Tatsächlich war Eichmann Buchhalter gewesen, für eine Elektrizitäts- und Straßenbahngesellschaft; ein Schulabbrecher, der sich zunächst als Vertreter durchschlug, bevor die Zeitläufte seinem Ehrgeiz und seiner Ordnungsliebe eine Richtung gaben.

An Haltung, schreibt Arendt, habe es Eichmann bis zum Schluss nicht gefehlt. »Er war ganz Herr seiner selbst – nein, er blieb ganz er selbst.«

Und dann, der berühmte letzte Absatz. Es war, schreibt Arendt, als zöge Eichmann im Moment seiner Hinrichtung ein Fazit: das »Fazit der langen Lektion in Sachen menschlicher Verruchtheit«, der alle, Beobachter wie Zeugen, Staatsanwälte wie Richter beigewohnt hatten. Ein im Kern unbegreifliches Verbrechen, ein im Kern unbegreifliches Leben. Eine im Kern unbegreifbare Schuld.

Arendt weiß, dass Eichmann dieses Fazit nicht zieht. Weil er es nicht ziehen *kann*; weil er nicht vor diesem Gericht stünde, wenn er es könnte; weil er nicht *so* vor diesem Gericht stünde, wenn er zu einem solchen Fazit, zu einer solchen Einsicht in der Lage gewesen wäre, intellektuell und moralisch.

Böse ist jemand, der weiß, dass ein Mensch einen anderen Menschen nicht umbringen darf, und es trotzdem tut. Eichmann machte den Eindruck, als verstünde er gar nicht, was das Gericht, was die Welt von ihm wollte. Bis zuletzt schien er zu glauben, dass es durchaus richtig sei, auch in einem System, das an sich falsch ist, seine Aufgaben so gut es geht zu erledigen. Als Bürokrat dachte er in Zuständigkeiten. Die Folgen seines Tuns, das eben ist das Erschütternde, fielen aus Eichmanns Sicht nicht in seinen Bereich.

Gerade weil er zu einem solchen Fazit nicht in der Lage war, ist Arendts Konjunktiv berührend. *Als zöge er.* Weil da am Ende einer langen Lektion ein Mensch einem Menschen Kredit gewährt, der Menschlichkeit nicht kannte.

Dass ein Mensch so leben konnte wie Eichmann, ist ein Umstand, vor dem das Denken scheitert. Seine Leiche wurde verbrannt. Die Asche streuten die Israelis, außerhalb ihrer Hoheitsgewässer, ins Meer.

Wahnsinn in Worte gefasst

Am folgenden Morgen bei trübem regnerischem Wetter traf er in Straßburg ein. Er schien ganz vernünftig, sprach mit den Leuten; er tat Alles, wie es die Andern taten, es war aber eine entsetzliche Leere in ihm, er fühlte keine Angst mehr, kein Verlangen; sein Dasein war ihm eine notwendige Last. – – So lebte er hin.

Georg Büchner, Lenz

DEN 20. GING LENZ durch's Gebirg': So knapp, so tagebuchhaft-nüchtern beginnt einer der aufgewühltesten, aufwühlendsten Texte der deutschen Sprache. Ein Mensch in Bewegung, darum geht es. Weg von etwas, das auf jeden Fall – aber nicht notwendig irgendwo hin.

Lenz, das ist der Dichter Jakob Michael Reinhold Lenz, der Goethe kannte und unglücklich in dessen ehemalige Geliebte Friederike Brion verliebt war. Er litt unter Depressionen und Schüben von Wahnsinn, Symptome der Schizophrenie. 1792 starb er, 41-jährig, in Moskau.

Schizophrenie-Kranke nehmen die Welt übersteigert

wahr: grell, laut, ungefiltert in jeder Hinsicht. Die Grenze zwischen Innen und Außen ist niedergerissen, alles, was geschieht, stürzt ins Bewusstsein. Wie keiner vor ihm und kaum einer nach ihm findet Büchner für den Wahnsinn Worte, indem er das innere Toben durch das äußere beschreibt.

Georg Büchner hatte, neben der Philosophie, Medizin studiert, vergleichende Anatomie. Seine Probevorlesung in Zürich ging über die Schädelnerven. Es half, dass er Naturwissenschaftler *und* Dichter war, dass er den Zusammenhang kannte zwischen dem, was man sieht, und dem, was es bedeutet.

Alles um Lenz herum, alles *in* Lenz schäumt und blitzt und wirbelt und dröhnt. Wasser springt über den Weg, Wolken ziehen, der Nebel verschlingt alles. Die Natur ist in Aufruhr, weil Lenz sich in das All hineinwühlt, hineinwühlen *muss*. Er wandert ohne Gefühl für Kälte, Zeit und Raum, er ist zu Tode erschöpft und trotzdem rastlos, gleichgültig gegen alles und dennoch zwanghaft an allem teilnehmend: »Nur manchmal, wenn der Sturm das Gewölk in die Täler warf, und es den Wald herauf dampfte, und die Stimmen an den Felsen wach wurden, bald wie fern verhallende Donner, und dann gewaltig heranbrausten, in Tönen, als wollten sie in ihrem wilden Jubel die Erde besingen, und die Wolken wie wilde wiehernde Rosse heransprengten, und der Sonnenschein dazwischen durchging und kam und sein blitzendes Schwert an den Schneeflächen zog, so daß ein helles, blendendes Licht über die Gipfel in die Täler schnitt.« Der ganze Text eine Vorwärtsbewegung auf der Stelle, eine Raserei im Kreis.

Die Frage ist, welches Ziel eine solche Erzählung haben

kann. Wie sich eine Geschichte beenden lässt, die scheinbar immer weiterwill.

Eine Handlung in Gang setzen kann jeder. Ein Mann, eine Frau, eine andere Frau – los geht's. Eine Bewegung anzuhalten, sich gegen eine Bewegung zu stemmen dagegen: was für eine Herausforderung. Denn dabei kommt es nicht nur darauf an, eine Geschichte an ihr Ende zu führen. Es geht vielmehr darum, die Bewegung so anzuhalten, dass ihre Energie in verändertem Zustand weiterwirkt – idealerweise im Kopf des Lesers.

Lenz, schon gegen Ende seines Lebens, erlebt noch einmal einen Anfall von Fieberwahn. Er hat Gesichte und Halluzinationen, er hört Stimmen, er gesteht einen Mord, der allein das Produkt seines Wahns ist, er bekennt Eifersucht und leidet unter Gewissensbissen. Lenz versucht, sich umzubringen; man hält ihn ab. Gerettet wird er trotzdem nicht, weil einer wie er nicht zu retten ist.

Und dann: ein Schnitt. Straßburg, der folgende Morgen, trübes Wetter; plötzlich Stillstand. Lenz, schreibt Büchner, »tat Alles, wie es die Andern taten«, er spricht und grüßt, er bewegt sich wie ein Psychotiker nach einer Lobotomie, leer, leer gewütet, leer gebetet, leer gerast, er hat keine Angst mehr, kein Verlangen, nichts – ein Erloschener, ein lebender Toter.

Worauf Büchner, gerade mal 22 Jahre alt, mit einem der kraftvollsten, trostlosesten, niederschmetterndsten Sätze der Weltliteratur endet. Ein Punkt, zwei Gedankenstriche, ein »So«. Und ein Anschluss, der keiner ist: So lebte er hin. Die Umkehrung des alten Märchen-Versprechens »Und wenn sie nicht gestorben sind«. So lebte er hin. Grauenhaft.

»Bozsik, immer wieder Bozsik«

Jetzt Deutschland am linken Flügel durch Schäfer. Schäfers Zuspiel zu Morlock wird von den Ungarn abgewehrt – und Bozsik, immer wieder Bozsik, der rechte Läufer der Ungarn – am Ball. Er hat den Ball – verloren diesmal, gegen Schäfer. Schäfer nach innen geflankt. Kopfball. Abgewehrt. Aus dem Hintergrund müsste Rahn schießen.

Herbert Zimmermann, ARD-Rundfunkübertragung zum Endspiel der
Fußball-Weltmeisterschaft, 4. Juli 1954

BERN, 4. JULI 1954: Ein Mann sitzt im Stadion vor einem Mikrofon und beschreibt, wie es sich anfühlt, an diesem Tag in diesem Stadion vor einem Mikrofon zu sitzen. Regen prasselt. Die Zuschauer harren aus.

Herbert Zimmermann, 36 Jahre alt, kommentiert das Endspiel der Fußball-Weltmeisterschaft. Deutschland gegen Ungarn, Außenseiter gegen Favorit. Es ist die erste WM, bei der die Spiele direkt im Fernsehen übertragen werden. Vier deutsche Reporter berichten von diesem Turnier, die Kommentierung des Finales ist Zimmermann durch Losentscheid zugefallen. Wenn alles vorbei ist, wird er ein berühmter Mann sein.

Weil kaum jemand 1954 einen Fernseher besitzt, wird seine Reportage auch im Radio übertragen. Er muss also das, was nur er sehen kann, so beschreiben, dass alle es zu sehen glauben. Gleichzeitig muss er das, was er sieht, für alle deuten. Er muss beschreiben, was passiert – und erkennen, was passieren *könnte*. Schäfer nach innen geflankt. Und dann?

Die Fußball-Weltmeisterschaft in der Schweiz war für die Deutschen eine Bewährungsprobe. Nach dem Zweiten Weltkrieg hatte die FIFA beschlossen, die Sportbeziehungen zu Deutschland und Japan abzubrechen. Der Deutsche Fußball-Bund durfte an internationalen Wettbewerben nicht teilnehmen.

1950, beim Turnier in Brasilien, blieben die anderen Nationen unter sich. Vier Jahre später, in der Schweiz, waren die Deutschen wieder dabei. Aber der Krieg war noch gegenwärtig. Viele Spieler hatten als Soldaten gekämpft, manche von ihnen hatten die Gesichter und die Körperhaltung alter Männer. Herbert Zimmermann, der Reporter, war 1941 an der Ostfront durch einen Granatsplitter verletzt worden. In seiner Sprache, sagte ein jüngerer Sportreporter später, grummelte »von Ferne der Sound von Stuka, Führergeburtstag und Fliegeralarm«.

Im Finale steht es kurz vor dem Ende 2:2. »Sechs Minuten noch im Wankdorf-Stadion in Bern, keiner wankt ...«, ruft Zimmermann. Lange hatten die Deutschen gehofft, nicht allzu schmachvoll zu verlieren. Jetzt sehen sie plötzlich die Chance zu gewinnen.

Fußball, hat ein britischer Sportjournalist einmal geschrieben, gründe immer auf Verzweiflung. Wobei er nicht die Enttäuschung meinte, im Wettstreit unterlegen zu sein. Sondern jene tiefe Verzweiflung, die hinter dem Wort »Niederlage« aufscheint. Eine Verzweiflung, die an die Vergeblichkeit aller Bemühungen rührt, an die Sinnlosigkeit des Lebens. Warum einem Ball hinterherlaufen, im strömenden Regen? Und warum, um alles in der Welt, dabei zusehen?

Zimmermann fühlt, was seine Zuhörer bewegt, er fühlt, worum es an diesem Nachmittag *wirklich* geht. Ihn bewegt, was die Zuhörer fühlen, er ist Zeuge und Zeitgenosse zugleich. »Bozsik, immer wieder Bozsik. Er hat den Ball – verloren.«

Die Sportreportage ist ja einerseits pure Gegenwart, das macht es dem Reporter leicht: »Jetzt Deutschland ...«. Andererseits ändert sich beinahe sekündlich alles. Ein Spiel zu lesen bedeutet vor allem, in dem Durcheinander der Bewegungen Optionen zu erkennen, Wege auszumachen, die zum Erfolg führen könnten.

Und plötzlich, in der 84. Minute, entdeckt Zimmermann tatsächlich eine Lücke – in der ungarischen Abwehr, in der Dramaturgie dieses Endspiels, in der Geschichte.

Schäfer hatte geflankt. »Kopfball, abgewehrt«, ruft Zimmermann. Und lässt dann den berühmtesten Konjunktiv der Sportgeschichte folgen, flehend, ungläubig, sehnsüchtig: »Aus dem Hintergrund müsste Rahn schießen.«

Und wenn Rahn schösse? Wenn er träfe? Wenn es beim 3:2 bliebe, wenn Deutschland Weltmeister würde, nach dem von Deutschland entfesselten, von Deutschland verlorenen Krieg, nach Völkermord, nach Verbrechen und Schande?

Der Konjunktiv markiert den Moment vor dem Moment.

Ein Schuss nur, und Deutschland wäre wieder aufgenommen in den Kreis der zivilisierten Nationen – etwas ginge zu Ende, etwas Neues könnte beginnen.

Und Rahn? »Rahn schießt!« Und trifft – in den Worten Herbert Zimmermanns: »Toooor! Toooor! Toooor! Tooooor!«

Es gebe Menschen, hat der schottische Fußballtrainer Bill Shankly gesagt, die hielten Fußball für eine Sache von Leben und Tod. Und dann hinzugefügt, er möge diese Einstellung nicht: »Ich versichere Ihnen, dass es viel ernster ist.«

Ein Märchen – und der Schrecken, der im Wort »aber« steckt

Aber im Winkel am Hause saß in der kalten Morgenstunde das kleine Mädchen mit rothen Wangen, mit lächelndem Munde – todt, erfroren am letzten Abend des alten Jahres. Der Neujahrsmorgen ging über die kleine Leiche auf, welche mit Schwefelhölzern da saß, wovon ein Bund fast verbrannt war. »Sie hat sich wärmen wollen«, sagte man. Niemand wußte, was sie Schönes erblickt hatte, in welchem Glanze sie mit der alten Großmutter zur Neujahrsfreude eingegangen war!

Hans Christian Andersen, Das kleine Mädchen mit den Schwefelhölzern

---

GESCHICHTEN, DEREN LETZTER ABSATZ mit einem »aber« beginnt, ist nicht zu trauen. Es setzt die Wirklichkeit gegen das Märchenlicht und manchmal den Tod gegen das Leben. Für Eltern, die eine solche Geschichte vorlesen, ist das »aber« ein Signal, ihr Kind fester in den Arm zu nehmen.

Aber im Winkel am Hause saß in der kalten Morgenstunde das kleine Mädchen mit rothen Wangen.

Hans Christian Andersen schrieb die Geschichte 1845. Das Mädchen, arm und hungrig, bietet am Silvestertag Streichhölzer zum Verkauf, ohne Erfolg. Durch ein Missgeschick hat es auch noch seine Pantoffeln verloren.

Das Mädchen will sich wärmen, also brennt es drei Hölzer auf einmal an. Drei, das ist die magische Märchenzahl. Drei Brüder, drei goldene Haare, drei Könige aus dem Morgenland. Drei Wünsche. Nach dem dritten Wunsch, nach der dritten Prüfung geschieht etwas, das ist das Versprechen, das jedes Märchen bereithält. Etwas verändert sich, etwas verwandelt sich, weil sich etwas ändern *muss*. Weil das Leben, so wie es ist, ohne Wunder nicht auszuhalten wäre. »Das kleine Mädchen mit den Schwefelhölzern« ist das traurigste Märchen der Welt.

Beim ersten Hölzchen sieht das Mädchen einen Ofen, in dem ein Feuer brennt, beim zweiten eine gedeckte Tafel, beim dritten schließlich den herrlichsten Weihnachtsbaum, auf dem »viel tausend Lichter« glänzen. Und tatsächlich geschieht etwas, nachdem das dritte Hölzchen erloschen ist: Die Weihnachtslichter, die in Wahrheit Sterne sind, steigen höher und höher, ein Stern stürzt herab und zieht einen Feuerstreifen über den Himmel.

»Nun stirbt jemand!«, ruft das kleine Mädchen, das sich an ein Wort seiner toten Großmutter erinnert. Es weiß nicht, dass es selber dieser Jemand ist. Ein Nahtod-Erlebnis, hervorgerufen durch Erfrieren. Mitunter, sagen Neurowissenschaftler, flackert das Bewusstsein zwischen Herzstillstand und Hirntod. Betroffene, die vor dem Hirntod ins

Leben zurückgezogen wurden, beschreiben Licht- und Jenseitserscheinungen und auch das beglückende Gefühl von Schmerzfreiheit.

Hans Christian Andersen, zeitlebens ein Suchender und Sonderling, war in ärmlichen Verhältnissen aufgewachsen. Sein Vater, ein Schuhmacher, starb, als der Junge 14 Jahre alt war, seine Mutter, eine Wäscherin, trank. Von Kälte, auch von Herzenskälte verstand er einiges. Seinem ersten Gedicht gab er den Titel »Das sterbende Kind«.

In seinem Märchen brennt das Mädchen ein viertes Hölzchen an. Es sieht seine verstorbene Großmutter, und damit sie nicht sofort verschwindet, wie der Ofen, wie die Tafel, wie der Weihnachtsbaum zuvor, entzündet das Kind die restlichen Streichhölzer, ein ganzes Bündel. Es scheint, als wolle auch Andersen das Versprechen einlösen, das jedes Märchen enthält: dass sich etwas verändern wird, weil sich etwas ändern muss.

Aber.

Vielleicht das schockierendste, brutalste »aber« der Literaturgeschichte. Ein neuer Morgen, ein neues Jahr. Und ein erfrorenes Kind im toten Winkel, ein Bündel abgebrannter Schwefelhölzer in der Hand. Manchmal bleibt das Wunder aus, weil Dinge, die nicht hingenommen werden dürfen, trotzdem unbemerkt bleiben. Ein Kind ohne Schuhe in einer Neujahrsnacht etwa. Gleichgültigkeit macht diese Dinge unsichtbar.

Hans Christian Andersen war der Armut entkommen, aber er hatte sie nicht vergessen. Er wusste, dass man sich aus der kalten Wirklichkeit nicht herausträumen kann. Man kann sich allenfalls herausarbeiten, zum Beispiel durch das

Schreiben von Geschichten, die wie Märchen klingen, auch wenn sie keine sind.

Am Neujahrsmorgen geht die Sonne über der kleinen Leiche auf. Das Mädchen war lächelnd gestorben, der Welt zum Rätsel. »Niemand wußte, was sie Schönes erblickt hatte«, so steht es bei Andersen.

Eine Geschichte übers Sehen. Und übers Gesehenwerden. Über den Blick von draußen nach drinnen und von oben nach unten. Über das, was man sieht, wenn einen keiner beachtet; auch darüber, wie leicht zu übersehen ist, was doch ins Auge springt. Eine Weihnachtsgeschichte, eine Armutsgeschichte, auch eine Erlösungsgeschichte, vielleicht. Wer sich davon nicht berühren lässt, hat ein Herz aus Stein.

Gottes Wort und Teufels Beitrag

Und siehe, da kam ein großer Wind von der Wüste her und stieß an die vier Ecken des Hauses; da fiel es auf die jungen Leute, dass sie starben, und ich allein bin entronnen, dass ich dir's ansagte. Da stand Hiob auf und zerriss sein Kleid und schor sein Haupt und fiel auf die Erde und neigte sich tief und sprach: Ich bin nackt von meiner Mutter Leibe gekommen, nackt werde ich wieder dahinfahren. Der HERR hat's gegeben, der HERR hat's genommen; der Name des HERRN sei gelobt!

Hiob 1,19–21

———

ZU DEN GROSSEN KULTURLEISTUNGEN des Menschen zählt, womöglich noch vor dem Rad, der kernlosen Weintraube und dem Prozentrechnen, die Lakonie. Lakonie ist ein Stilmittel, vor allem aber eine Haltung: zur Sprache; zum Leben. Lakonie ist das Gegenteil von Ausführlichkeit, von Pathos, von »Mein Haus, mein Auto, mein Boot«. Wer lakonisch ist, verachtet Lärm und vermeidet alles Ausgemalte, Gespreizte, Überdeutliche.

Erkennen, was notwendig ist, akzeptieren, was nicht zu ändern ist, darum geht es. »Sprachliche Form der bedeutenden Nüchternheit«, so nannte es Theodor Adorno, der seinen Beobachtungen ebendeswegen den Titel *Minima Moralia* gab.

Lakonien heißt ein Landstrich auf dem Peloponnes. In der Antike lebten dort die Spartaner, die gern kämpften und ungern redeten. Der griechische Schriftsteller Plutarch berichtet, wie sich Philipp II. von Makedonien, der Vater Alexanders des Großen, einst mit seinem Heer der Stadt näherte. »Wenn ich in Lakonien einfalle, werde ich euch zu Flüchtlingen machen«, drohte er.

Worauf die Spartaner erwiderten: Wenn.

Eines der schönsten Beispiele für die Gabe, sich mit Nüchternheit ins Unvermeidliche zu fügen, ist die biblische Geschichte von Hiob, der erst von Gott reich beschenkt und später schwer geprüft wurde.

Hiob geht es gut. Er hat sieben Söhne und drei Töchter, er besitzt Land und Vieh, Schafe, Kamele, Rinder; er ist reich, rechtschaffen und fromm. Sein Unglück beginnt, als es Gott gefällt, auf Hiobs Lauterkeit eine Wette anzunehmen.

Ist Hiob fromm, weil es ihm gut geht? Liebt er Gottes Gaben mehr als Gott selbst? Wird er sich als Heuchler entlarven, wenn man ihm alles nimmt außer das Leben? Der Teufel würde es gern herausfinden, und Gott, dem offenbar gerade ein wenig fad ist, nimmt die Herausforderung an.

Ein ungleicher Kampf, von Anfang an. Satan kämpft gegen einen Gegner, dem die Augen verbunden sind. Hiob sieht die Schläge nicht kommen, er steht ohne Deckung da.

Satan schickt zunächst die Sabäer, die Hiobs Knechte erschlagen und alle Rinder und Eselinnen rauben. Kurz darauf entführen die Chaldäer seine Kamele. Ein Wüstensturm stößt schließlich »an die vier Ecken des Hauses« und tötet Hiobs Kinder. Wirkungstreffer allesamt. Jeder Einzelne von ihnen hätte einen Schwächeren k. o. geschlagen.

Und Hiob? Klagt er, so wie Jesus, der am Kreuz betete: »Mein Gott, mein Gott, warum hast du mich verlassen?« Fällt er ab von seinem Glauben?

»Ich bin nackt von meiner Mutter Leibe gekommen, nackt werde ich wieder dahinfahren«, ruft Hiob, verzweifelt, aber ungebrochen in der Treue zu seinem Gott – knapper, eleganter lässt sich das Leben nicht zusammenfassen. Für ihn geht es in diesem Kampf vor allem darum, aufrecht und würdevoll zu verlieren. In der Stunde der Bedrängnis erweist sich Hiob als Rhetoriker.

Was er nicht wissen kann: Er ist ebenso Opfer wie Beispiel. Seine Prüfung ist eine Theodizee. Wie ist das Leiden in der Welt zu erklären, wenn Gott doch ebenso gut wie allmächtig ist?

»Der Herr hat's gegeben, der Herr hat's genommen«, sagt Hiob, eine ebenso lapidare wie wirkungsvolle Links-rechts-Kombination. Wie seine Nehmerqualitäten ohnehin Erinnerungen an den berühmten Boxkampf Ali vs. Foreman wecken, Kinshasa 1974, der legendäre *Rumble in the Jungle*. Der Titelverteidiger, der furchtbare George Foreman, wütete in jener Nacht auf seinen Herausforderer ein, Muhammad Ali ließ sich ein ums andere Mal in die Seile treiben. Dort harrte er aus, so lange, bis Foremans Furor sich erschöpft hatte.

Der Herr gibt, der Herr nimmt, sagt also Hiob. Er

schwankt nicht, tapfer hält er Gottes Blick stand. Und schafft sich so die Gelegenheit für den entscheidenden Punch: Der Name des Herrn, sagt Hiob unter Schmerzen, sei gelobt.

Herausfordernd lässig ist das und jedenfalls maximal souverän: Hiob taumelt, aber er fällt nicht. Satan vs. Hiob, das ist auch der Kampf eines Epikers gegen einen Lakoniker. Wenn ich dich zerstört habe …, droht Satan.

Und Hiob antwortet: Wenn.

Wenn die Weltgeschichte vorbeirauscht

Der Hof war leer und ich, wie immer, allein
und allen fremd. Aus den offenen Fenstern des
Gefängnisses drangen einige polternde Laute des
sonnabendlichen Scheuerns und Putzens, eine
zurechtweisende Stimme wurde hie und da laut;
dazwischen schlug immer wieder der Buchfink
ganz hoch auf der Pappel, deren Stamm, noch
ganz kahl, im schrägen Licht der scheidenden
Sonne silbern glänzte.

Rosa Luxemburg an Luise Kautsky, 15. April 1917

―――――

VON FRIEDRICH ENGELS stammt die schöne Beobachtung, dass die Geschichte nicht linear verlaufe, sondern im Zickzack.

Wenn Engels recht hat, dann befand die Weltgeschichte im April 1917, verlaufsmäßig betrachtet, in heftiger Bewegung. Mitte März hatte der russische Zar abgedankt, Arbeiter und Soldaten hatten die ersten Sowjets, Arbeiter- und Soldatenräte, gegründet. Am 6. April erklärten die USA

Deutschland den Krieg. Alles beschleunigte sich. Nur drei Tage später, am 9. April, bestieg Lenin in Zürich jenen Zug, der ihn, quer durch das Deutsche Reich, nach Petersburg bringen sollte. Stefan Zweig schrieb später: »Kein Geschoß war weittragender und schicksalsentscheidender in der neueren Geschichte als dieser Zug, der, geladen mit den gefährlichsten, entschlossensten Revolutionären des Jahrhunderts in dieser Stunde von der Schweizer Grenze über ganz Deutschland saust, um in Petersburg zu landen und dort die Ordnung der Zeit zu zersprengen.«

Ein Sprengkommando, unvorhergesehen, unerhört. Ein historischer Rumms, mitten im Ersten Weltkrieg. Geschichte wird gemacht, Friedrich Engels hatte offenbar recht gehabt. Und Rosa Luxemburg, die berühmte Revolutionärin, die, wie Lenin, davon träumte, die Ordnung ihrer Zeit zu zersprengen? Sitzt in diesem April 1917 in einem Gefängnis in der Provinz Posen und wartet. Sie hatte dazu aufgerufen, den Kriegsdienst zu verweigern, und war deshalb zu 14 Monaten Gefängnis verurteilt worden. Eine zweite Haftzeit verbüßte sie zur »Abwendung einer Gefahr für die Sicherheit des Reichs«.

Die Nachrichten aus Russland erreichen sie natürlich, aber seltsam abgetönt, gedämpft. Das, was draußen lärmt und dröhnt, ist im Gefängnis nur als ein fernes Klingen zu hören, als Wispern. Draußen wird alles immer schneller, lauter, drinnen kommt alles zum Stillstand – wo es doch ihre Aufgabe wäre, schreibt Luxemburg am 15. April an ihre Freundin Luise Kautsky, »zu helfen und zu steuern«, die Funken zu sammeln, die dort stieben. Für einen unruhigen Menschen ist das die größtmögliche Strafe: zur Ruhe gebracht, aus dem Weltgetriebe herausgenommen zu werden. Nicht länger Akteurin zu sein, sondern nur Ohrenzeugin.

Ein Nachmittag im Gefängnis, ein Blick gen Osten: »Dort türmte sich auf blaßblauem Himmelsgrund ein großes Wolkengebilde von zartestem Grau, über das ein leichter Rosaschimmer wie hingehaucht war. Das zauberte eine ganz ferne Welt vor, in der unendliche Ruhe, Milde und Feinheit herrschten. Alles sah wie ein schwaches Lächeln aus.«

Das Leben ist schön, ruft Rosa Luxemburg, die im Gefängnis sitzt, all jenen zu, die nicht im Gefängnis sitzen. Sie tröstet und nimmt Anteil, sie lobt und ermuntert und mahnt zu Heiterkeit und Zuversicht, auch wenn sie selber nicht zuversichtlich ist und auch nicht heiter. »Begreifst Du nicht«, schreibt sie an ihre Freundin Luise Kautsky, »dass es die Weltgeschichte in Person ist, die dort ihre Schlachten schlägt und freudetrunken die Carmagnole tanzt?«

Eine stillgelegte, rastlose Revolutionärin, die sich Mut zuspricht, indem sie anderen Mut macht. Das Leben draußen lebt, überall Ruhe, Milde, Feinheit. Es ist herrlich. Es ist mitunter kaum auszuhalten.

Und sonst? Mal abgesehen von den Wolken und den Schlachten, die gerade ohne sie geschlagen werden? Ein einziger Satz nur, hellsichtig, abgründig: »Der Hof war leer und ich, wie immer, allein und allen fremd.«

Am 17. April spricht Lenin in Petersburg. Die Straßen beben, schreibt Stefan Zweig: »Das Geschoß hat eingeschlagen und zertrümmert ein Reich, eine Welt.«

Und Rosa Luxemburg, allen fremd und, wie immer, allein? Hört die Scheuereimer poltern, lauscht einem Buchfink, bestaunt eine Pappel. Die Weltgeschichte, von einer Gefängniszelle aus betrachtet, löst sich auf in Lichtreflexe, in Sehnsucht, in Abstraktion.

Am 9. November 1918 ist der Krieg vorbei. Rosa Luxemburg kommt frei. Sie geht nach Berlin, hilft die KPD gründen, sie warnt und streitet und hofft weiter, während in Deutschland die Revolution verhungert, auch aus Mangel an Revolutionären. Im Januar 1919 wird sie von rechten Offizieren erschossen. Mehr als vier Monate vergehen, dann zieht man ihre Leiche aus dem Landwehrkanal.

Warum wir begehren, was wir fürchten

> Nichts fürchtet der Mensch mehr als die Berührung durch Unbekanntes. Man will *sehen*, was nach einem greift, man will es erkennen oder zumindest einreihen können. Überall weicht der Mensch der Berührung durch Fremdes aus.
>
> Elias Canetti, *Masse und Macht*

JE LÄNGER JEMAND an einem Buch schreibt, desto schwerer wiegt der erste Satz. Wie soll der Text auftreten? Selbstbewusst? Demütig? Soll der Einstieg die Mühen des Entstehens vergessen machen – oder soll er für sich werben, indem er ebendiese Mühen ausstellt?

Elias Canetti war 17, als er in Frankfurt eine Demonstration miterlebte, 1922 war das, Walther Rathenau, der Außenminister der Weimarer Republik, war gerade ermordet worden. »Ich achtete nicht darauf, wie ich ging, stolperte mehrmals leicht«, schrieb Canetti später, »und in einem solchen Augenblick des Stolperns, den Kopf in die Höhe gereckt, den roten Himmel, der mir eigentlich so nicht gefiel, vor Augen, zuckte es mir plötzlich durch den Kopf, daß es einen Massentrieb gab, der immer im Widerstreit zum Persönlichkeitstrieb stand, und daß aus dem Streit der beiden der Verlauf der Menschheitsgeschichte sich erklären lasse.«

Der Verlauf der Menschheitsgeschichte, abgeleitet aus einem Jugenderlebnis – eine Frage, eine ganze Theorie, die sich allein dem Zufall verdankt. Warum scheut der Mensch die Nähe anderer Menschen? Und warum sucht er diese Nähe trotzdem? Warum begehren wir, was wir fürchten – und was ist das überhaupt: der Mensch?

Canetti war 55, als sein Werk über Masse und Macht endlich in einem deutschen Verlag erschien. Er hatte inzwischen geheiratet (Veza) und einen Roman geschrieben *(Die Blendung)*, er war, nach allem, was man weiß, im Privaten bemerkenswert machtbewusst.

Als junger Mann hatte er den Aufstieg Mussolinis und Hitlers verfolgt und später ihren Untergang beobachtet. Über all die Jahre hatte er sein Thema geduldig umkreist: psychologisch und ethnologisch, soziologisch und philosophisch. Wie also fängt man an, nachdem man beinahe 40 Jahre lang Anlauf genommen hat?

»Nichts fürchtet der Mensch mehr als die Berührung durch Unbekanntes«, schreibt Canetti – das ist ebenso kühn wie allgemeingültig; angenehm absolut ist es dazu.

Eine schöne Regel: Je unbestimmter der Gegenstand, desto bestimmter der erste Satz. »Alle glücklichen Familien gleichen einander, jede unglückliche Familie ist auf ihre eigene Art unglücklich«, heißt es bei Tolstoi. »Ein Gespenst geht um in Europa – das Gespenst des Kommunismus«, schrieben Marx und Engels. »Am Anfang schuf Gott Himmel und Erde«, so beginnt im Buch Mose die Geschichte der Schöpfung. Jedes Mal Unsichtbares, Gefühltes, bloß Behauptetes, ausgedrückt jedes Mal mit der Gewissheit eines mathematischen Satzes.

Das 20. Jahrhundert, da hatte Canetti recht, war tatsächlich das Jahrhundert der Massen. Massenbewegungen und Massenhysterie, Massenmorde und Massenmedien: Aus Einzelnen werden viele und mitunter alle. *Jeder* Mensch, sagt Canetti, fürchtet die Berührung durch Unbekanntes, überall. Nur in der Masse verliert der Mensch seine Furcht. Weil alle gleich fühlen; weil alle das Gleiche fühlen; weil alle sich als Gleiche fühlen, wird jede Individualität glücklich aufgehoben.

Furcht, Selbstaufgabe, Faszination – Canetti macht das Diffuse greifbar und das Verworrene, nur halb gedachte, anschaulich. »Nachts oder im Dunkel überhaupt kann der Schrecken über eine unerwartete Berührung sich ins Panische steigern«, schreibt er. »Nicht einmal die Kleider gewähren einem Sicherheit genug; wie leicht sind sie zu zerreißen, wie leicht ist es, bis zum nackten, glatten, wehrlosen Fleisch des Angegriffenen durchzudringen.« Ganz nebenbei legt Canetti hier den Bauplan sämtlicher Horrorfilme offen.

Ein Mensch, der verloren hat, was ihn von anderen unterscheidet, fürchtet das Fremde nicht mehr. Das ist das Verlockende. Allerdings: Den Gleichen *in* der Masse wird das Fremde *außerhalb* der Masse schmerzhaft bewusst. Das ist das Bedrohliche. Die Gleichen wollen das Fremde nicht fürchten müssen; sie wollen es nicht sehen müssen. Damit sie sich wirklich gleich fühlen können, müssen sie das Andere vernichten. Darum, sagt Canetti, ist die Masse so gefährlich.

Der Versuch, den Tod selbst zu beeindrucken

Ein einziger, alles beherrschender Gedanke: Weg von hier. Die Menschen machen mir Angst. Die Eisnerin darf nicht sterben, sie wird nicht sterben, ich erlaube das nicht. Sie wird nicht sterben, sie wird nicht. Nicht jetzt, das darf sie nicht. Nein, jetzt stirbt sie nicht, weil sie nicht stirbt. Meine Schritte gehen fest. Und jetzt zittert die Erde. Wenn ich gehe, geht ein Bison. Wenn ich raste, ruht ein Berg. Wehe! Sie darf nicht. Sie wird nicht. Wenn ich in Paris bin, lebt sie. Es wird nicht anders sein, weil es nicht darf. Sie darf nicht sterben. Später vielleicht, wenn wir es erlauben.

Werner Herzog, Vom Gehen im Eis

ENDE NOVEMBER 1974 macht sich der deutsche Filmregisseur Werner Herzog auf den Weg von München nach Paris. Ein Freund hatte ihm berichtet, die Filmkritikerin, Filmhistorikerin und Filmliebhaberin Lotte Eisner liege im Sterben. Eisner, davon ist Herzog überzeugt, ist unverzichtbar für den jungen deutschen Film, der gerade vom Aufbruch träumt und Fürsprache nötig hat. »Wir dürfen ihren Tod nicht zulassen«, schreibt Herzog, nicht ganz uneigennützig. Er geht dann zu Fuß, ausgerüstet nur mit einer Jacke, einem Kompass, einem Matchsack und neuen Schuhen. Die Eisnerin, glaubt er, »werde am Leben bleiben, wenn ich zu Fuß käme«.

Eine Winterreise. Ein Opfergang. Und eine sehr romantische Form von Selbstüberschätzung: zu glauben, dass die Bereitschaft, Entbehrungen zu akzeptieren, Schmerzen zu ertragen und Einsamkeit auszuhalten, einen anderen Menschen so sehr beeindruckt, dass er vom Sterben absieht.

Eine Anmaßung ist es obendrein. Denn in Wahrheit will Herzog den Tod selbst beeindrucken. Gerade ist sein Film über den rätselhaften Findling Kaspar Hauser in den Kinos angelaufen, unter dem schönen Titel »Jeder für sich und Gott gegen alle«. Zuvor hatte er zum ersten Mal mit Klaus Kinski zusammengearbeitet, bei »Aguirre, der Zorn Gottes«, eine Prüfung ganz eigener Art. Wenn der Tod von seiner, Herzogs, Zähigkeit und Leidensbereitschaft erfährt, hofft Herzog, bevor er sich auf den Weg nach Paris macht, dann wird, dann *muss* er seine Pläne ändern.

In Filmen ist das ein vertrautes Motiv. In Ingmar Bergmans »Das siebente Siegel« spielt ein Ritter mit dem Tod Schach um sein Leben. Und in Fritz Langs »Der müde Tod« bittet eine junge Frau den Tod darum, ihr den toten Geliebten zurückzugeben. Der Tod zeigt ihr drei heruntergebrannte, bereits flackernde Lebenslichter: Wenn es ihr gelingt, wenigstens eines vor dem Verlöschen zu bewahren, erhält sie ihren Geliebten zurück.

Eisners Lebenslicht flackert, das ist Herzogs Sorge; dass der Tod müde und deshalb zu einem Spiel bereit sein könnte, das ist seine Hoffnung.

Wer allein geht, hat Zeit zum Nachdenken. *Vom Gehen im Eis* ist auch eine fortwährende Selbstvergewisserung, Selbstbeschwörung, Selbstprüfung, der Dialog eines Egomanen mit sich selbst. Denn die Reise ist beschwerlich. Herzog wandert durch Regen und Schneetreiben, die Füße schmerzen, er fühlt Verzweiflung und Sinnlosigkeit. Ganz allmählich nimmt das Denken den Rhythmus des Gehens an, ein meditatives, suggestives, leicht manisches Vor-sich-hin-Murmeln: Sie wird nicht sterben, weil sie nicht darf. Sie stirbt nicht, weil sie nicht stirbt. Sie darf nicht, sie wird nicht, sie wird nicht, sie darf nicht; ich, sie, ich. Sie, sie, wir.

Marschdenken; so geht es dahin. Herzog geht in sich und gleichzeitig aus sich heraus. Am 14. Dezember, nach drei Wochen und rund 800 Kilometern, erreicht er Paris. Und Lotte Eisner: lebt. Sie wird die Begegnung mit Herzog um neun lange Jahre überleben, in ihren Memoiren wird sie seinen Gewaltmarsch verewigen.

Und Herzog? Spürbar beeindruckt davon, dass er dem Tod gerade ein Leben abgetrotzt hat, ist er froh und auch ein wenig stolz. Er will kein Aufhebens von der Sache machen und macht gerade dadurch Aufhebens, dass er bescheiden auf seine Bescheidenheit hinweist: »Im nachhinein noch dieses«, so demonstrativ beiläufig beginnt er, auf kaum mehr als 15 Zeilen, den Bericht von seiner Ankunft – Herzog gehört zu jenen Menschen, die im Bewundern größer sind als im Bewundertwerden.

Mit wehen Füßen und etwas verlegen fühlt er sich von

Lotte Eisner verstanden. Wer zu Fuß geht, schreibt Herzog, ist ungeschützt. Jede Reise ist ja ebenso eine Such- wie eine Fluchtbewegung; jeder, der reist, sucht, was er nicht kennt, weil er das, was er kennt, nicht mehr erträgt. Öffnen Sie das Fenster, sagt er am Ende zu Lotte Eisner, »seit einigen Tagen kann ich fliegen«.

Und Lotte Eisner? Sieht ihn an und lächelt. Später wird sie mit boshafter Freude behaupten, Herzog sei mit dem Zug in Paris angekommen.

Bewegung in der Windstille

Wieder wird die Schraube angedreht, vielleicht
besser als früher, vielleicht auch nicht; der Motor
kommt mit Lärm in Gang, als sei er ein anderer;
vier Männer halten rückwärts den Apparat, und
inmitten der Windstille ringsherum fährt der
Luftzug von der schwingenden Schraube her in
Stößen durch die Arbeitsmäntel dieser Männer.
Man hört kein Wort, nur der Lärm der Schraube
scheint zu kommandieren, acht Hände entlassen
den Apparat, der lange über die Erdschollen
hinläuft wie ein Ungeschickter auf Parketten.

Franz Kafka, Die Aeroplane in Brescia

———

KAUM ETWAS IST MÜHSAMER, als einen überraschenden, frischen Vergleich zu finden; weniges ist beglückender. Fast 30 000 Treffer meldet Google demjenigen, der beispielsweise »wie Pilze aus dem Boden schießen« eingibt – ein Sprachbild, das schon Karl Kraus im Ersten Weltkrieg zu der Bemerkung veranlasste, man möge doch endlich einmal die Pilze »wie die Munitionsfabriken« aus dem Boden schießen lassen statt umgekehrt.

Franz Kafka war ein Meister des Vergleichs, obwohl er meisterhaft auch dort war, wo er auf Vergleiche verzichtete. »Als Gregor Samsa eines Morgens aus unruhigen Träumen erwachte, fand er sich in seinem Bett zu einem ungeheuren Ungeziefer verwandelt« – wer so schreibt, muss nicht vergleichen.

Im September 1909 besuchte Kafka in der Nähe von Brescia eine Flugschau, gemeinsam mit seinem Freund Max Brod und dessen Bruder Otto. Noch nicht einmal sechs Jahre waren vergangen, seit den Brüdern Wright mit einem selbst gebauten Apparat der erste Motorflug in der Geschichte der Menschheit gelungen war. Ihr Erfolg zeigte dem Menschen, zu was er imstande ist. Was er vermochte, wenn er sein Leben wagte und seinen Träumen folgte.

Jetzt, 1909, war aus dem Traum vom Fliegen eine Show geworden: die Maschinen, tollkühne Männer, der Sieg gegen die Schwerkraft, inszeniert vor einem übermütigen, dankbaren Publikum. Andererseits: War das Fliegen nicht immer schon Show gewesen, von Anfang an? Die rätselhafte Vermählung von Technik und Fantasterei, zirkushaft und unseriös, eine Hochstapelei, bei der viel zu gewinnen, aber weit mehr noch zu verlieren war, das Gleichgewicht zum Beispiel, die Würde, das Leben?

Die Piloten, ehrfürchtig Aviatiker genannt, ließen in Brescia und anderswo ihre Apparate bestaunen und traten dann in Wettbewerben gegeneinander an. Alles ist Bewegung, Aufbruch, Möglichkeit. Wenige Wochen zuvor hatte der Franzose Louis Blériot als erster Mensch überhaupt den Ärmelkanal überflogen. 37 Minuten brauchte er für die Strecke von Calais nach Dover, die meiste Zeit flog er kaum höher als 100 Meter über dem Meer.

Dass er diesen Flug wagte, dass er an der einen Küste verschwand und an der anderen wieder auftauchte, dass er unbeschadet landete, in einer von ihm selbst konstruierten Maschine, machte ihn zum Star. »Wo ist Blériot?«, fragt auch Franz Kafka.

In dem Reisefeuilleton »Die Aeroplane in Brescia« hat er die Flugschau in Literatur verwandelt. Das Feuilleton ist typisch Kafka. Jederzeit ist unverkennbar, wer hier spricht; Kafka erzählt gleichsam à la Kafka, im typischen Kafka-Sound, nahezu alles, was er sieht, wird sogleich in Frage gestellt, relativiert, bezweifelt. Der Propeller wird angedreht? »Vielleicht besser als früher, vielleicht auch nicht«, schreibt Kafka. Der Motor kommt endlich in Gang? »Als sei er ein anderer«, schreibt Kafka, was immer das heißen soll. Der Lärm der Schraube *scheint* zu kommandieren; Windstille ringsum und in der Mitte ein Luftzug, der in Stößen durch die Mäntel der Männer fährt.

Natürlich drängt es den Berichterstatter, das Beobachtete zu einer Erkenntnis zu verdichten. Ein Bild wäre gut, ein Vergleich. Ein Flugzeug, das Fliegen überhaupt ist ja immer eine schöne Metapher für alles Mögliche.

Vier Männer also mühen sich, den Motor in Gang zu setzen. »Und dann, endlich, entlassen acht Hände den Apparat«, schreibt Kafka, hörbar erleichtert, denn man will ja irgendwann auch wieder nach Hause. Wie also bewegt sich dieses Flugzeug, von dem seit Blériots Erfolg so viel die Rede ist, über die Piste? Schwankend wie ein Betrunkener? Schlingernd, Hindernissen ausweichend, die, warum nicht, wie Pilze aus dem Boden schießen?

Der Vergleich, den Kafka findet, bewahrt das skeptische Staunen, die ängstliche Bewunderung einer Menschheit, die Flugzeuge erträumt hatte und sich zugleich vor dem Fliegen fürchtete. Ein Apparat, so schreibt Franz Kafka in diesem September 1909, »der lange über die Erdschollen hinläuft wie ein Ungeschickter auf Parketten.« Voilà.

Spiel mir das Lied vom Tod

»Vorwärts, Winnetou!«, rief ich. »Es ist sonst alles verloren!«

Die Männer oben merkten, was unten vorging, und ließen das Seil schnell laufen. Eine halbe Minute später hatten wir den Boden erreicht, zu gleicher Zeit aber blitzten uns aus der Spalte einige Schüsse entgegen. Winnetou stürzte zu Boden.

Ich blieb vor Schreck halten.

»Winnetou, mein Freund«, rief ich, »hat eine Kugel getroffen?«

»Winnetou wird sterben«, antwortete er.

Karl May, Winnetou III

MANCHMAL REICHT EIN BILD, eine Szene, ein einziger Satz, um eine Kindheit zu beenden.

»Weh! Jetzt geht es klipp und klapp/Mit der Scher' die Daumen ab« – zu diesem Reim kappt der Schneider im *Struwwelpeter* dem kleinen Konrad beide Daumen.

»Ich bin dein Vater«, sagt Darth Vader in »Star Wars:

Episode V« zu Luke Skywalker – und nichts ist mehr wie vorher.

Schriftsteller kennen viele Gründe, eine Geschichte gegen die Erwartung zu erzählen. Und natürlich gehört es zu ihren Privilegien, das Personal, das sie selbst geschaffen haben, im rechten Moment sterben zu lassen. Am Ende ist es eine Frage des Handwerks, den Leser so sehr für eine Figur einzunehmen, ihr Farbe und Anmut, Witz und Charakter zu geben, sie liebenswert *und* unverzichtbar zu machen, dass der Tod dieser Figur die Welt erschüttert. In der Ohnmacht des Publikums spiegelt sich die Allmacht des Autors.

Winnetou, der Häuptling der Mescalero-Apachen, stirbt in *Winnetou III* in den Hancock-Bergen, der Karl-May-Atlas lokalisiert sie in den Caribou Mountains, einer Gebirgskette im südöstlichen Winkel Idahos. Gemeinsam mit seinem Blutsbruder Old Shatterhand kämpft er dort gegen die übliche Übermacht.

»Vorwärts, Winnetou!«, lässt May also Old Shatterhand rufen, weil es ja immer irgendwie vorangehen muss. Seine Helden beim Rückzug, gar auf der Flucht sterben zu lassen käme für einen wie May nicht in Frage.

Ein Wettkampf also, zwischen Edelmut und Hinterlist. Männer, die das Seil schneller laufen lassen, gegen Männer, die im Verborgenen darauf lauern, dass einer ins Freie tritt; Mays Bücher ziehen ihre Kraft auch daraus, dass Menschen unterschiedliche Auffassungen von Aufrichtigkeit haben, unterschiedliche Wertesysteme.

Wie sehr sich May von seiner eigenen Begeisterung fortreißen lässt, erkennt man daran, dass er sich wiederholt: hatten wir den Boden erreicht, stürzte zu Boden. Wie vieles bei

May ist auch das Entscheidende nicht besonders gut ausgeführt.

Aber dann. Old Shatterhand, der große Faustkämpfer und Freund, spürt, dass sich an dieser Stelle etwas vorbereitet. Der Leser spürt, dass May seinen größten Helden opfern will; dass er zeigen will, wozu er in der Lage ist, dramaturgisch, schriftstellerisch und überhaupt.

Natürlich könnte Old Shatterhand von selbst darauf kommen, dass sein Blutsbruder Winnetou nicht ohne Grund zu Boden stürzt, zur Sicherheit fragt er aber noch mal nach. »Winnetou, mein Freund«, ruft er. »Hat eine Kugel getroffen?«

Was sagt man da?

May könnte Winnetou ein wenig Konversation machen lassen. Weiß nicht. Geht schon. Geh schon mal vor. Lasst mich für einen Moment allein. Was Helden halt so sagen, wenn die Sonne sinkt und der Tonmann »Knockin' on Heaven's Door« anspielt.

Aber zum einen ist Winnetou keiner, der eine Pointe zerredet. Und zum anderen ist Karl May keiner, der die Gelegenheit für einen starken Satz verstreichen ließe. Vielleicht erinnert er sich auch in diesem Moment an seinem Schreibtisch in Radebeul an all die Gaunereien und Unaufrichtigkeiten seines eigenen Lebens, an Landstreicherei und Flucht, an Arbeitshaus und Zuchthaus und an die ewigen Existenzsorgen, an sein eigenes, leicht verrutschtes Wertesystem. Vielleicht spürt er, dass es Momente gibt, im Leben wie in der Fiktion, wo einer sich ehrlich machen muss.

Und so sagt Winnetou, der große Fährtenleser und Schweiger: »Winnetou wird sterben.«

Ein Schock. Winnetou wird sterben. Wir alle werden sterben. Auf lange Sicht, hat der britische Ökonom John Maynard Keynes gesagt, sind wir alle tot.

Generationen von May-Lesern haben bei diesem Satz mit den Tränen gekämpft. Winnetous Tod markiert jene Stelle, an der die Kindheit endet und das Leben beginnt.

Es gehört zu den Wundern der Literatur, dass einen das Sterben einer erfundenen Figur bisweilen härter trifft als der Tod eines echten Menschen.

Zwei Worte, eine Welt

I

SPIEGEL: Herr Professor, vor zwei Wochen
schien die Welt noch in Ordnung ...
ADORNO: Mir nicht.

Theodor Adorno in »Keine Angst vor dem Elfenbeinturm«,
DER SPIEGEL, 5. Mai 1969

———

ALS DER BUCHDRUCK und auch Twitter noch nicht erfunden waren, schrieb, wer etwas zu sagen hatte, in Stein. Das Geritze war mühsam, der Platz auf einer Tafel begrenzt. Wer in Stein meißeln muss, schwafelt nicht. Die Römer nannten den Stein *lapis* und steinern *lapidarius*. Als lapidar gilt bis heute, was kurz und treffend gesagt wird.

1969 erschien im SPIEGEL ein Gespräch mit dem Philosophen und Soziologen Theodor W. Adorno. Nach der Rückkehr aus dem Exil hatte er sich klug zu Kapitalismus, staatlicher Repression und Musik geäußert und der Welt den schönen Satz »Es gibt kein richtiges Leben im falschen« geschenkt, der besonders denen gefiel, die ihn nicht verstanden. Seine Vorlesungen legten das intellektuelle Fundament für die Studentenbewegung.

Zu Adornos Erstaunen radikalisierten sich die Studenten schneller als ihre Vordenker. Adorno dachte radikal, vor allem in der Theorie. In der Praxis schätzte er Regeln und Umgangsformen. Ein Mann, so sahen es seine Studenten, der es sich im falschen Leben bequem gemacht hatte.

Natürlich war Adorno, wie seine Studenten auch, gegen die Notstandsgesetze; anders als ihnen blieb ihm das Argumentieren mit Molotow-Cocktails verdächtig. Die Radikalisierung der APO bezeichnete er als »Pseudo-Aktivität« und als »Ungeduld gegenüber der Theorie«.

1969 kam es zum Eklat. Als Studenten im Januar in sein Institut eindrangen, rief Adorno die Polizei. Am 22. April 1969 verteilten Mitglieder der »Basisgruppe Soziologie« Flugblätter gegen ihn. Adorno gab den Studenten fünf Minuten Zeit, um zu entscheiden, ob die Vorlesung stattfinden solle. Daraufhin gingen drei Studentinnen nach vorn. Sie umringten Adorno, entblößten ihre Brüste und versuchten, ihm Rosenblüten auf den Kopf zu streuen. Mit erhobener Aktentasche – und unter Gelächter – verließ Adorno den Saal.

Lärm empfand er als störend. Auch wurde er ungern zur Solidarität gezwungen. Revolutionen ohne Terminabsprache ärgerten ihn, zumal er den Sinn von Revolte grundsätzlich bezweifelte.

Kurz nach dem von den Zeitungen als »Busenattentat« bejubelten Zwischenfall gab Adorno dem SPIEGEL dann dieses Interview. Wie aber redet man über Revolution mit einem Mann, der, zu seiner Überraschung, plötzlich als »Büttel des autoritären Staates« galt? Die Journalisten wählten als Einstieg einen Gemeinplatz, gedacht als Brücke in ein schwieriges Gespräch.

»Herr Professor, vor zwei Wochen schien die Welt noch in Ordnung ...«

»Mir nicht«, antwortete Adorno.

Er sah nicht die Brücke, sondern nur die Kluft: zwischen bloßen Beobachtern und einem Beteiligten; zwischen zwei Ahnungslosen und einem Denker; zwischen jenen, die nur sehen, was ist, und dem, der erkennt, was es bedeutet. Zwischen Schein und Sein also. Ihr dort. Ich hier.

»Mir nicht«, das ist auch eine Frage des Standpunkts. Was bedeutet schon »Ordnung«? Und was ist letztlich »Welt«? Zwei Worte reichten Adorno, um deutlich zu machen, dass er deutlicher sah als andere. Dass er *anders* dachte, andere Möglichkeiten hatte, zu anderen Einsichten kam.

Sein »Mir nicht« ist so knapp wie möglich und so präzise wie nötig, es ist selbstbewusst, herausfordernd, lapidar. Provokant ist es, weil Adorno die Kraft aufbringt, nach dieser großartigen Antwort: zu schweigen.

Damals, 1969, nahm er seine Vorlesung nicht wieder auf. Die Flucht unter dem Schutz der Aktentasche war sein letzter öffentlicher Auftritt. »Mich zu verhöhnen und drei als Hippies zurechtgemachte Mädchen auf mich loszuhetzen!«, sagte er in dem SPIEGEL-Gespräch. »Ich fand das widerlich.« Wenige Wochen später erlag er in den Schweizer Bergen einem Herzinfarkt.

Was bleibt? Adorno-Momente. Dem Journalisten Alexander Gorkow gelang ein solcher Moment im Gespräch mit dem Drehbuchexperten Hans Janke. Es begann so:

»Herr Janke, meine erste Frage: Wie beginnt ein guter Dialog?«

Jankes Antwort: »So jedenfalls nicht.«

Die Magie des Adjektivs

Jetzt sitze ich gegenüber dem leeren Platz und höre die Stunden rinnen. Man verliert eine Heimat nach der anderen, sage ich mir. Hier sitze ich am Wanderstab. Die Füße sind wund, das Herz ist müde, die Augen sind trocken. Das Elend hockt sich neben mich, wird immer sanfter und größer, der Schmerz bleibt stehen, wird gewaltig und gütig, der Schrecken schmettert heran und kann nicht mehr schrecken. Und dies ist eben das Trostlose.

Joseph Roth, Das Neue Tage-Buch, 25.6.1938

ALS DER SPÄTERE französische Ministerpräsident Georges Clemenceau noch Zeitungsverleger war, heißt es, habe er in seiner Redaktion ein Schild anbringen lassen. Darauf stand: »Wenn Sie ein Adjektiv verwenden wollen, so kommen Sie zu mir in den dritten Stock und fragen, ob es nötig ist.«

Adjektive wurden für Menschen erfunden, die gegen Hauptsachen misstrauisch und gegenüber Nebensachen leichtgläubig sind: ein bunter Regenbogen, vollendete Tatsachen, ein schmaler Grat. Wer den Satz »Ich verfüge über ein hohes Engagement, modernes Know-how und eine außergewöhnliche Flexibilität« für eine gelungene Selbstbeschreibung hält, bleibt vermutlich zu Recht ohne Job und Freunde.

Kann man über Know-how und Flexibilität verfügen und trotzdem Adjektive verwenden? Joseph Roth, der österreichische Journalist und Schriftsteller, konnte. Roth habe bisweilen politische Überzeugungen geopfert, schrieb sein Freund Hermann Kesten über ihn – aber niemals ein Adjektiv.

Roth, in Ostgalizien geboren, hatte der Welt den *Radetzkymarsch* geschenkt, einen der hellsichtigsten und menschenfreundlichsten Romane der Weltliteratur, er hatte für die *Frankfurter Zeitung* die Sowjetunion bereist und schließlich, auf der Flucht vor den Nazis, in Paris eine Zuflucht gefunden.

Hier hockte er nun. Schlimmes lag hinter ihm, Schlimmeres liegt vor ihm, die Stunden rinnen. Niemand ist da. Man verliert, schreibt Roth, »eine Heimat nach der anderen«.

Also sucht er, mehr als je zuvor, Halt im Alkohol. Wobei der Suff ihn klarsichtig und wehleidig zugleich macht. Immer wieder lässt Roth sich Momente der Verzweiflung durchgehen. Immer ist alles aussichtslos, nirgends wird sein Talent gewürdigt, ständig sind die Füße wund – die Tragödie eines Menschen, der so viel zu sagen hätte und dem so wenige zuhören wollen.

Schon 1934 hatte er, aus Nizza, an seinen Freund Stefan Zweig geschrieben: »Ihr laßt mich alle sitzen. Ihr seid so weltlich, so klug, und ich mache so viel ›Dummheiten‹. Ich habe so viel Menschen geholfen, ich bleibe so allein. Ich war so nett zu den Menschen, sie sind so böse.«

1938, in Paris, ist Roth allein in der Welt und einsam mit sich selbst, ein Mann, der sich einem Ende entgegensäuft, das er vielleicht ersehnt: ein Leben an der Peripherie. Alles unstet, alles prekär, längst gibt es kein Ziel mehr und auch keinen Sinn. Und seit das Pariser Hotel, in dem er unterkam, wegen Baufälligkeit abgerissen wurde, sind ihm auch die Orte ausgegangen.

Nicht verloren hatte er sein Gefühl für Sprache, sein Talent, ein Adjektiv zu setzen, wo es notwendig ist, ein Gefühl dafür, *welches* Adjektiv notwendig ist, welche Kombination aus Adjektiven den Unterschied macht zwischen einem Lamento und großer Literatur. Das Elend, schreibt Roth, werde »sanfter und größer« – das ist verblüffend und zum Staunen schön.

Und dann: der Schmerz, der ausgerechnet bei Roth stehen bleibt. Er ist weder unerträglich noch unbeschreiblich, auch nicht »nachtweit« (Paul Celan), »wutblaß« (Alfred Döblin) oder gar »glanzverloren« (Gottfried Benn). Sondern, überraschend und überraschend einfach: gewaltig und gütig.

Am 19. März 1939 schickte Roth seinem Verleger Walter Landauer ein letztes Manuskript nach Amsterdam, kaum 40 Seiten. Das wenige Geld, das Landauer ihm zahlen könne, werde er »bestimmt hereinkriegen«, schrieb Roth, optimistisch wie immer. »Es sei denn, es käme eine Weltkatastrophe.«

Als Roth erfuhr, dass sich der Schriftsteller Ernst Toller am 22. Mai in New York das Leben genommen hatte, brach er zusammen, fünf Tage später starb er in einem Pariser Armenspital: an einer doppelseitigen Lungenentzündung, an den Folgen des abrupten Alkoholentzugs, am gütigen, gewaltigen Schmerz.

Am selben Tag sandte Landauer zwei Exemplare der Korrekturbogen mit Roths Manuskript in dessen Pariser Hotel und bat um eine rasche Druckerlaubnis. Die Novelle erschien dann posthum, ohne Erlaubnis. Ihr Titel: »Die Legende vom heiligen Trinker«.

Diesseits und jenseits
der Schmerzgrenze

lieber herr bernhard
 ich habe gestern ihren brief vom 20. november
erhalten. fuer mich ist eine schmerzensgrenze
nicht nur erreicht, sie ist ueberschritten. nach
all dem, was in jahrzehnten und insbesondere in
den beiden letzten jahren an gemeinsamem war,
desavouieren sie mich, die ihnen gewogenen
und fuer sie wirkenden mitarbeiter, und sie
desavouieren den verlag. ich kann nicht mehr.
 ihr siegfried unseld

Siegfried Unseld an Thomas Bernhard, 24. November 1988

VON ALLEN GRENZEN, die es gibt, hat die Schmerzgrenze den unklarsten Verlauf. Dass sie überhaupt da ist, weiß man oft erst, wenn man sie erreicht hat; es gehört zu ihren Besonderheiten, dass sie im Moment des Erreichens meist auch schon überschritten ist. Ein Zurück ist fast immer unmöglich.
 An der Schmerzgrenze wird jede Sprache einfach. »Ich

habe fertig«, so beendete der Fußballtrainer Giovanni Trapattoni seine berühmte Pressekonferenz. So wenig, und so viel. Denn dieses »fertig« bedeutete tatsächlich ja mehrerlei: Trapattoni war am Ende mit seinem Vortrag, am Ende mit der Geduld, am Ende mit seinem Verständnis. Am Ende mit allem.

Siegfried Unseld, der mehr als 40 Jahre lang den Suhrkamp-Verlag leitete, hat mit dem österreichischen Schriftsteller Thomas Bernhard von 1961 bis 1988 Briefe gewechselt. Häufig geht es darin um Geld, um Vorschüsse, um Darlehen, um Werbung für Bernhards Bücher, um Werbung für die Bücher anderer. Das eine ist immer zu wenig, das andere fast immer zu viel. Immer geht es um Aufmerksamkeit. Bernhard stellt Forderungen, er klagt und tadelt, mahnt und droht. Und obwohl es vertragliche Vereinbarungen mit dem Suhrkamp-Verlag gibt, veröffentlicht er immer wieder auch Texte im Salzburger Residenz-Verlag.

Thomas Bernhard galt als schwierig. In seinen Texten schimpft er über alles und jeden, ein Grantler, der aus seiner Unzufriedenheit mit dem Land, in dem er lebte, ein Geschäftsmodell machte und aus dem Granteln eine Kunstform.

Was aber macht man als Verleger, wenn der schwierige Autor zugleich gut ist – und Umsatz, Ruhm und Gewinn steigert? Unseld setzte lange darauf, Bernhard durch Nachsicht und Nachgiebigkeit zu befriedigen. Ein Verlag, wie Unseld ihn verstand, ist immer mehr als die Summe seiner Autoren. Leicht war es trotzdem nie. Jede Versöhnung zehrte. Überall sah Bernhard Dummköpfe, Todfeinde, Druckfehler, Lemuren und Müll, überall sah er »Deprimation«.

»In die Poesie gehört die Ökonomie«, hatte er gesagt, »in die Phantasie die Realität, in das Schöne das Grausame, Häßliche, Fürchterliche hineingemischt.« Bernhard wollte keine Harmonie zwischen sich und seinem Verleger, weil er die »wunderbare Spannung« zum Arbeiten brauchte.

Unseld tat, was er konnte, aber es war nie genug. Am Ende war Erschöpfung, auf beiden Seiten. Im November 1988 hatte Bernhard mitgeteilt, ein weiteres Buch im Residenz-Verlag veröffentlichen zu wollen. Überdies hatte er Unseld in einem Interview einen »Schaukerl« genannt, dem es nur um sein »kleines, niedriges Geschäfterl« gehe.

Es war das Ende einer Illusion. Natürlich ging es immer auch um »Geschäfterl«, für beide. Um die Spannung zu halten, mischt Bernhard in die Freundschaft das Hässliche und in die Poesie ein wenig Realität. Unseld ist daraufhin vom Schmerz so überwältigt, dass er »Schmerzensgrenze« statt »Schmerzgrenze« diktiert.

»Ich kann nicht mehr«, schreibt er per Telegramm. Keine Rhetorik mehr. Kein Bemühen um Effekt, kein Stilwille. Gerade weil sie so schutzlos ist, wirkt seine Schmerzbekundung kraftvoll und unmittelbar. Unselds kleiner Satz ist groß, weil er schmucklos ist: eine Feststellung, jemandem hinterhergerufen, mit dem eine Verständigung nicht mehr möglich ist. Kein Zerwürfnis, eher ein Abschied – ein wehmütig-müdes Lebewohl von diesseits der Schmerzgrenze hinüber auf die andere Seite.

Schon am nächsten Tag antwortete Bernhard dem lieben Siegfried Unseld:wenn Sie, wie Ihr Telegramm lautet, ›nicht mehr können‹, dann streichen Sie mich aus Ihrem Verlag und aus Ihrem Gedächtnis.

Ich war sicher einer der unkompliziertesten Autoren, die Sie jemals gehabt haben.
Ihr Sie sehr respektierender
Thomas Bernhard

Zwei Monate später, am 28. Januar 1989, trafen sich Unseld und Bernhard in einem Salzburger Hotel. Beide wussten, dass es das letzte Mal sein würde. Unseld überbrachte Calcium-Tabletten, Bernhard, schon sehr krank, kokettierte mit dem Tod. Dann sprachen sie über Bernhards Nachlass.

Zwei Wochen später war Bernhard tot. Unseld sagte später: »Ich habe diesen Mann geliebt.«

Wie man Verhältnisse unverzittert beschreibt

Die Rogges sind ein mustergültiges Ehepaar. Er überläßt ihr das Reden, wobei er den Anschein erweckt, daß Schweigen Gold ist. Natürlich ist auch Müdigkeit dabei, das Unabänderliche immer wieder aufzurühren. Und so sitzt er, während sie erzählt, löwenschläfrig und hinnickend wie in einem Zugabteil, nur dabei. Und nach dem kalten Abendbrot, das sie mit gesundheitlichen Rücksichten sehr mäßig zu sich nehmen, geht er mit der Frau in die Küche, um ihr beim Abwaschen der beiden Resopalbrettchen zu helfen.

Marie-Luise Scherer, *»Der unheimliche Ort Berlin«*

WÖRTER GIBT ES, bei denen man sofort eine Welt vor Augen hat, und eine ganz bestimmte Zeit dazu: ihre Träume und Sehnsüchte, auch die Ängste. Das Wort »Resopal« zum Beispiel. Ein Werkstoff, robust und funktional, dessen Eigenschaften präzise die mittleren Jahre der deutschen Wohlstandsgesellschaft abbilden: das Bedürfnis nach Haltbarkeit, nach Stoßfestigkeit, nach Fleckenunempfindlichkeit. Nichts beschreibt dieses Bedürfnis anschaulicher als das schöne Wort »Hochdruckschichtpressstoffplatte«.

1985, in der Spätzeit des Resopals, las die Reporterin Marie-Luise Scherer in der Zeitung von einer jungen Frau aus dem Schwäbischen. Ihre Leiche war auf einem Kreuzberger Dachboden gefunden worden, bereits skelettiert. Scherer machte sich auf die Suche nach dieser Ingrid Rogge, an deren Ende stand dann die Reportage »Der unheimliche Ort Berlin«.

Wenn Berlin (und der Stadtteil Kreuzberg) für Ingrid Rogge ein Sehnsuchtsort war: Wie sahen dann die Verhältnisse aus, die sie glaubte nicht mehr ertragen zu können? Denen sie entkommen wollte, um beinahe jeden Preis? Wie findet man diese Verhältnisse, wie beschreibt man sie, ohne sie zu denunzieren?

Rogge war in Saulgau aufgewachsen, ihre Eltern hatten sich dort in etwas eingerichtet, was Scherer »Wohnzimmertropen« nennt: Philodendron und kolossale Kleinmöbel, auf Anrichten und Regalen Deckelhumpen, Zinnbecher, Zinnteller, »auf dem Fernseher in galanter Zugewandtheit Pierrot und Columbine auf einem über Eck gelegten Deckchen, das in den Bildschirm überhängt«.

In Scherers Küche wiederum, heißt es, hänge ein Zettel, darauf zwei Worte, eine Notiz an sich selbst: »kräftige Genauigkeit«. Nicht muskulös wollte Scherer schreiben, sondern vital. Nach ihrer Beschreibungsgenauigkeit befragt, bekannte sie ein Verlangen nach dem »unverzitterten Adjektiv«, dem »festen Satz«. Jedes Detail, jedes Wort so genau passend, dass einem Alternativen nicht in den Sinn kommen können.

Marie-Luise Scherer nimmt dafür die Verhältnisse in einen besonderen Blick. Wie ein Kameraauge schwenkt sie die Oberfläche ab und entziffert, was die Dinge über ein Leben mitteilen. Die Einrichtung eines Wohnzimmers ist dabei immer zugleich auch Mentalitätsgeschichte.

Präzision braucht es dafür, genaues Sehen. Einen Blick für *sprechende* Details, der immer mehr weiß als die Personen, auf die er scharf stellt. Natürlich kennt Scherer die Gründe, warum die Tochter wegging aus Saulgau, warum sie weggehen *musste*; der Leser kennt sie auch, spätestens dann, wenn der müde, löwenschläfrige Vater gemeinsam mit seiner Frau nach dem kalten Abendbrot den Abwasch macht.

Der Absatz oben ist ein anschauliches Beispiel für Scherers Gabe, Verhältnisse »unverzittert« zu beschreiben. Wie nur scheinbar mitleidlos sie das Wort »mustergültig« verwendet – und wie sehr gerade dieses Mustergültige die Flucht der Tochter begründet. Wie genau das Wort »mäßig« das Erloschene trifft, das allzu früh Aufgegebene.

Jetzt braucht es nur noch ein Detail, das diese Zustände festhält, einen Fund, der die Hoffnungen und die Beschränkungen abbildet, das Verlangen nach dekorativer Haltbarkeit; genau das, was man verlassen muss, wenn man sich in Sicherheit bringen will, wohin auch immer.

Der Mann, schreibt also Scherer, geht mit der Frau in die Küche, »um ihr beim Abwaschen der beiden Resopalbrettchen zu helfen«. Zwei Brettchen und eine sprachlose Arbeitsgemeinschaft, lauter gute Absichten im Kleinen und Ratlosigkeit im Großen, und all das in einem Wort: Resopal.

Zwei Kinder hatten die Rogges gehabt, beide machten ihnen Kummer. Den Sohn verloren sie an »die Drogen«, die Tochter an Berlin, beide Male waren sie, geborgen nur in eine »aufgesträubte, fusselfreie Reinlichkeit«, überfordert, von allem.

»Wenn in einem Haus das Unglück nicht verjähren kann, weil es in immer neuen Schüben wieder einkehrt, dann setzt zu seiner Bewältigung eine Trainiertheit seiner Bewohner ein«, schreibt Marie-Luise Scherer, die weiß, dass für die meisten Menschen Glück schon in der Abwesenheit von Unglück liegen kann (und natürlich ist das eine Art Glück, vielleicht sogar die einzige). »Für zwei Ängste in dem Ausmaß, wie es die Rogges überkam«, schreibt Scherer, »war kein Platz in ihnen.«

Die Magie des Doppelpunkts

Während die Barockkultur sich anschickt, ihre ersten dunklen Blüten zu entfalten, sieht man in einem östlichen Winkel Mitteleuropas einen wilden Krieg aufflammen, der, an plötzlichen Zufällen entzündet und doch aus den tiefsten Untergründen der Zeitseele hervorbrechend, sogleich gierig weiterrast, sich unaufhaltsam in den halben Erdteil hineinfrißt und, launisch bald hier, bald dort emporlodernd, Städte, Wälder, Dörfer, Felder, Kronen, Weltanschauungen in Asche legt, schließlich aber nur noch seinem eigenen Gesetz gehorcht, indem er wahllos überallhin züngelt, wo er noch Nahrung vermutet, bis er eines Tages ebenso rätselhaft verlischt, wie er entbrannt war, als einzige große Veränderung nichts hinter sich lassend als eine ungeheure gespenstische Leere: zerbrochene Menschen, beraubte Erde, tote Heimstätten und eine entgötterte Welt.

Egon Friedell, Kulturgeschichte der Neuzeit

KURZE SÄTZE SIND GUT. Hauptsätze sind gut. Wer verstanden werden will, das lehrt jede Schreibschule, der verwende Hauptsätze, zumal am Anfang eines Buchs. »Den 20. ging Lenz durch's Gebirg«, so fängt Büchner seinen *Lenz* an. »Nennt mich Ismael«, so beginnt Melvilles *Moby Dick*. Günter Grass' *Der Butt*? »Ilsebill salzte nach.« Selbst Marcel Proust, allzeit bereit, aus Erinnerungsfäden das Bild einer ganzen Epoche zu weben, leitet seine vielbändige *Suche nach der verlorenen Zeit* mit dem Satz ein: »Lange Zeit bin ich früh schlafen gegangen.«

Was sich sagen lässt, lässt sich klar sagen. Du sollst nicht töten. Die Würde des Menschen ist unantastbar. Die Rente ist sicher.

Egon Friedell, Schriftsteller, Kabarettist, Dramatiker, Kulturphilosoph und überhaupt Gelehrter, wusste natürlich, dass zur Regel auch der Regelverstoß gehört. Auf mehr als 1500 Seiten entwarf er eine mäandernde *Kulturgeschichte der Neuzeit*, meinungsfreudig und kenntnisreich, wobei er auf dem Weg vom Hundertsten zum Tausendsten notwendig auch beim Dreißigjährigen Krieg haltmachte. Hier gelingt ihm das Kunststück, in einem einzigen Satz den Untergang einer Welt zu beschreiben. 115 Wörter braucht er dafür, 21 Kommata – und, kurz vor dem Satzende, einen einzigen Doppelpunkt. Alles läuft auf diesen Doppelpunkt zu. Alles vor ihm ist notwendig, damit das, was nach ihm kommt, leuchten kann.

Vor dem Doppelpunkt steht die erste von zwei aufsteigenden Reihungen, vom Konkreten kommend, zum Abstrakten strebend, vom Sichtbaren zum bloß Gedachten, zusammengeklammert durch dasselbe Verb: Städte, Wälder,

Dörfer, Felder, Kronen, Weltanschauungen, allesamt *in Asche gelegt*.

Darum geht es Friedell: Zeitläufte zu beschleunigen, herauszuarbeiten, was diesen Krieg von anderen Kriegen unterscheidet, was er bedeutet. Der Dreißigjährige Krieg hatte ja vielerlei Ursachen, Schauplätze, Akteure und Wendepunkte. Er wurde von den meisten Heerführern als notwendig, von den meisten Herrscherhäusern als nützlich und von den Religionsführern als unausweichlich angesehen, so stiftete er Übereinstimmung selbst unter denen, die sich befehdeten.

Weil der Krieg so lang ist, nimmt Friedell Anlauf für eine zweite Reihung. Der Doppelpunkt steht dabei in seinem Satz wie ein Schanzentisch: gesetzt, damit der Gedanke abheben und fliegen kann, möglichst weit, möglichst hoch.

Und weil der Satz so meisterhaft gebaut ist, fliegt der Gedanke tatsächlich: Als der Krieg endlich verlischt, hinterlässt er »zerbrochene Menschen, beraubte Erde, tote Heimstätten und eine entgötterte Welt«. Zwei großartige Steigerungen, beide nicht linear, sondern, sofern so etwas in der Sprache möglich ist, exponentiell: von den Städten und Feldern zu den Kronen und Weltanschauungen.

Alles am Dreißigjährigen Krieg war zufällig, sagt Friedell: Entstehung und Verlauf ebenso wie Ausbreitung und Ende. Für ihn hatte der Krieg deshalb »etwas Amorphes, Asyndetisches, Anekdotisches«.

Etwas Anekdotisches lässt sich am besten anekdotisch erzählen und begreifen. »Unter den vielen langen und sinnlosen Kriegen, von denen die Weltgeschichte zu berichten weiß, war der Dreißigjährige einer der längsten und sinnlosesten, wahrscheinlich gerade darum so lang, weil er so sinnlos war«, schreibt Friedell. Das hat Präzision, Eleganz, Haltung.

Tatsächlich hatte Egon Friedell zeit seines Lebens ein feines Gespür für Haltung und Stil. Am 16. März 1938, vier Tage nach dem »Anschluss« Österreichs an das Deutsche Reich, fragten zwei SA-Leute vor seiner Wohnung nach dem »Jud Friedell«. Während sie noch mit der Haushälterin sprachen, trat Friedell im dritten Stock ans Fenster. Wer verstanden werden will, das wusste er, muss sich kurzfassen. Strittig ist, was genau er rief. Etwas wie »Treten Sie zur Seite« oder »Obacht bitte«. Vielleicht sagte er auch in schönstem Wienerisch: »Bitt' schön, gehen's zur Seite.« Verbürgt ist jedenfalls, dass er die Passanten auf dem Trottoir warnte.

Dann sprang er.

Ein trauriger kleiner Satz,
der alles zerstört

Mein Leben wird immer leiser, immer weniger, immer dunkler; mir gefällt das aber, es wird nicht in einem kitschigen Selbstmordversuch enden oder so, das ist nicht nötig, es ist nur einfach alles nicht so, wie ich mir einmal das Leben, die Liebe vorgestellt hatte, aber das macht ja weiter nichts.

Benjamin von Stuckrad-Barre, Soloalbum

DER SCHRIFTSTELLER JOHN VON DÜFFEL hat geschrieben, dass es über jeden Menschen einen Satz gebe, der ihn zerstöre. Man weiß, dass es diesen Satz gibt, dass es unmöglich ist, ihn zurückzunehmen, wenn er einmal ausgesprochen ist. Dieser Satz, schreibt von Düffel, »zerstört unmittelbar«.

Oft sind es die unscheinbarsten Sätze, die die verheerendste Wirkung haben. Als Julius Cäsar, schon tödlich verwundet, unter den Verschwörern seinen Ziehsohn entdeckt, sagt er: »Et tu, Brute?« (Auch du, Brutus?) – drei Worte nur, die aus einer politischen Notwendigkeit eine menschliche Tragödie machen.

Mitunter reicht ein einziges Wort, um eine Welt zum Einsturz zu bringen. So wie in »Meine Nacht bei Maud« beispielsweise, einem kleinen, sehr großen Film von Eric Rohmer: »Idiot«. Françoise Fabian, schön und allein, sagt dieses eine Wort zu Jean-Louis Trintignant, der zu ihr ins Bett kommen würde, wenn er nicht permanent nachdenken müsste über Religion und Moral. Sie sagt es zärtlich, bedauernd, mit einer kaum wahrnehmbaren Beimischung von Verachtung. Ein ganzes Lebenskonzept, benannt und zerstört mit einem Wort. Idiot.

1998 veröffentlichte Benjamin von Stuckrad-Barre seinen ersten Roman. Er nannte ihn *Soloalbum*, weil es vor allem um ihn selbst ging, Benjamin von Stuckrad-Barre, Pfarrerssohn aus Bremen, hochbegabt, ein wenig neurotisch. Und weil seine Sprache angenehm beiläufig war, wurde *Soloalbum* unter dem Rubrum »Popliteratur« abgelegt, das garantierte Lesbarkeit und Oberfläche. Dabei stehen in *Soloalbum* kleine, sehr große Sätze.

»Mein Leben wird immer leiser, immer weniger, immer dunkler«: Das setzt für jemanden, der gerade verlassen wurde, einen guten Ton. »Leiser« und »weniger« sind nicht die allerersten Beschreibungen, die einem einfallen, wenn sich ein Spalt auftut zwischen dem Leben, wie es ist, und dem Leben, wie es sein sollte.

Und die Erklärung dafür, dass alles immer leiser, weniger und dunkler wird? »Es ist nur einfach alles nicht so, wie ich mir einmal das Leben, die Liebe vorgestellt hatte.«

Das Leben, die Liebe, alles. Es ist nur einfach alles nicht so.

Nach einer solchen Feststellung ist vieles möglich. Ein Beispiel. Oder eine überraschende Wendung. Oder ein Absatz. Stuckrad-Barre schreibt: »Aber das macht ja weiter nichts.«

Die Relativierung einer Relativierung einer Relativierung, was schon wieder tapfer ist und auf stille Weise groß. Man überliest eine solche Stelle leicht, erst beim Weiterlesen frisst sich der kleine Satz ins Unterbewusstsein, tiefer und tiefer, bis man zurückliest und sich erschreckt. Aber das macht ja weiter nichts.

Doch!, schreit man als Leser dem Autor zu. Natürlich macht das etwas! Darum geht es! Gleichzeitig weiß jeder Leser natürlich, dass der Autor diesen Satz nicht hingeschrieben hätte, wenn er nicht wüsste, dass es von nun an darum gehen muss, Vorstellung und Wirklichkeit bei den Großthemen Liebe & Leben wenigstens halbwegs zur Deckung zu bringen. Der Leser weiß auch, dass das nicht klappen kann bei jemandem, der schreibt: Aber das macht ja weiter nichts.

Mitunter gibt es in einem Musikstück eine Tonfolge, die etwas auslöst, weil sie an Dinge rührt, die lange verschüttet waren. Stuckrad-Barres »Aber das macht ja weiter nichts« ist eine solche Tonfolge. Gäbe es einen Wettbewerb um den zerstörerischsten Satz, dann wäre Benjamin von Stuckrad-Barre ein Kandidat für die Finalrunde, so wie Julius Cäsar, so wie Françoise Fabian, so wie Johann Wolfgang von Goethe, der seinen Werther, nach Schmerz, Verzweiflung und Selbstmord, mit den Worten enden lässt: »Kein Geistlicher hat ihn begleitet.«

Die allereinfachsten Wörter. Die größtmögliche Erschütterung. »Aber das macht ja weiter nichts« ist der traurigste kleine Satz der neueren deutschen Literaturgeschichte.

Warum es besser ist, das Leben auszuhalten

Je weiter ich lebe, desto nötiger scheint es mir, auszuhalten, das ganze Diktat des Daseins bis zum Schluß nachzuschreiben; denn es möchte sein, daß erst der letzte Satz jenes kleine, vielleicht unscheinbare Wort enthält, durch welches alles mühsam Erlernte und Unbegriffene sich gegen einen herrlichen Sinn hinüberkehrt.

Rainer Maria Rilke an Ilse Erdmann, 21. Dezember 1913

———

ZU DEN RISIKEN des Schriftstellerberufs gehört, dass das eigene Schreiben andere zum Schreiben inspiriert. Wer schreibt, bekommt Briefe. Wer schön schreibt, bekommt viele Briefe. Und wer über die Liebe schreibt, über Einsamkeit, das Leben oder den Tod, bekommt Post von Lesern, die Einsamkeit kennen, weil sie mit der Liebe oder dem Leben nicht zurechtkommen.

Was macht man da, als Dichter und als Mensch? Viele Briefwechsel entstehen ja aus der Unfähigkeit, Nein zu sagen, einfach nicht zu antworten. Aus Menschlichkeit also.

Wobei eine mitfühlende Antwort einen Austausch kaum je beendet, sondern ihn, im Gegenteil, häufig erst befeuert.

Das literarische Werk Rainer Maria Rilkes ist schmal. Gedichte, Aufsätze, ein Roman, ein paar Kleinigkeiten; das war's. Die Zahl seiner Briefwechsel hingegen ist gewaltig. Wer Rilke zu dessen Lebzeiten las, wollte Kontakt zu ihm haben: ihm schmeicheln, ihn bereichern oder um Rat bitten.

Ilse Erdmann, deren Briefwechsel mit Rilke erhalten ist, war unglücklich. Sie litt unter Nervenschmerzen, irgendeine »rätselhafte Gehirnerkrankung«, Erlebnisse, die vernarbt, aber nicht vergessen waren. »Alles ist wie ungeheilter Wahnsinn in mir geblieben«, schrieb sie. »Ist da etwas Geistiges, oder kommt es nur, weil Verwachsungen in meinen Hirnhäuten sind?«

Dass sie mit Rilke korrespondieren wollte, ist einerseits verständlich: Überempfindlichkeit war zeitlebens sein Genre. Andererseits war er Dichter, kein Arzt. Was, wenn er für Geistiges hielt, was sich am Ende doch nur als Verwachsung herausstellte?

Früh dachte Ilse Erdmann an Selbstmord, wie sie ihm bald offenbarte. Rilke hatte seiner Briefpartnerin deshalb vorsorglich sein Angebot zur Rettung geschickt. Je weiter er lebe, so der damals 38-Jährige, desto nötiger scheine es ihm, »das ganze Diktat des Daseins bis zum Schluß nachzuschreiben«.

Das Leben als Schreibaufgabe. Solange sie sich Briefe schickten, das war Rilkes Hoffnung, würde Ilse Erdmann sich nicht töten. Den anderen schreibend im Leben halten – ließe sich die Macht des Wortes besser beweisen?

Bemerkenswert ist, wie behutsam Rilke sich ausdrückt. Er formuliert seinen Rettungsbrief, wie man sich einer Unglücklichen nähert, die ins Eis eingebrochen ist. »Es möchte sein«, heißt es an diesem 13. Dezember 1913, dass erst der letzte Satz des Daseinsdiktats jenes Wort enthält, »durch welches alles mühsam Erlernte und Unbegriffene sich gegen einen herrlichen Sinn hinüberkehrt«.

Eine Variation der berühmten Pascal'schen Wette: Nicht weil wir müssen, sollten wir das Diktat des Daseins bis zum Ende nachschreiben, sondern weil alles andere unvernünftig wäre. Das Ausharren ebenso wie das Abbrechen ist letztlich eine Frage des Erwartungswerts. »Wir wollen Gewinn und Verlust abwägen«, schrieb Pascal, für den Gottesglauben argumentierend. »Setze du aufs Glauben, wenn du gewinnst, gewinnst du alles, wenn du verlierst, verlierst du nichts.«

Rilke wirbt dafür, auszuhalten. »Und wer weiß, ob wir nicht in jenseitigen Verhältnissen irgendwie davon abhängen, daß wir hier zu d e m Ende gekommen sind, das uns nun einmal bereitet war«, so geht die oben zitierte Stelle weiter. Auch sei »keine Sicherheit dafür gegeben, daß wir, aus zu großer Müdigkeit von hier hinausflüchtend, drüben nicht vor neuen Leistungen stehen, vor denen sich die Seele, bestürzt und unberufen wie sie ankäme, erst recht beschämt fände«.

Bloße Hoffnung ist das, keine Gewissheit. Rilke muss andeuten, weil er nichts versprechen kann. Es möchte sein. Eine Ermunterung, gleichsam auf Zehenspitzen geschrieben.

Tatsächlich sah Ilse Erdmann, solange der Austausch dauerte, von einer Selbsttötung ab; möglich, dass Rilkes Briefe Anteil daran hatten. Allerdings: Es waren nur geborgte Jahre. 1924 nahm sie Gift, möglich, dass sie der Schmerzen, der ewigen Liegekuren und vielleicht auch des gut gemeinten Zuspruchs überdrüssig war.

Es bleiben die Briefe. Und es bleiben die Antworten. Das Leben auszuhalten ist häufig gefordert worden, wortreicher als bei Rilke, nachdrücklicher, auch kompromissloser. Aber nie schöner.

Unschuld und frühes Leid:
Es war einmal ...

»Hört, sagte die Mutter heimlich, da habt ihr ein
Messer, und wenn euch der Pantoffel doch noch
zu eng ist, so schneidet euch ein Stück vom Fuß
ab, es thut ein bißchen weh, was schadet das aber,
es vergeht bald und eine von euch wird Königin.«
Da ging die älteste in ihre Kammer und probirte
den Pantoffel an, die Fußspitze kam hinein, aber
die Ferse war zu groß, da nahm sie das Messer und
schnitt sich ein Stück von der Ferse, bis sie den
Fuß in den Pantoffel hineinzwängte.

Brüder Grimm, »Aschenputtel«

IM KÖLNER MUSEUM LUDWIG war vor ein paar Jahren ein ungewöhnliches Bild zu sehen. Der aus Vietnam stammende Künstler Danh Võ hatte seinen Vater, einen Kalligrafen, eine Passage aus »Aschenputtel« abschreiben lassen, in Frakturschrift und Gold. Auf 95 mal 165 Zentimetern präsentiert er dem Betrachter eines der bekanntesten Komplotte der Literaturgeschichte: »Hört, sagte die Mutter heimlich ...«

Es ist die Geschichte eines Irrtums: der Annahme nämlich, etwas, das grundsätzlich nicht passt, könne durch Wegschneiden, durch Verstümmelung, durch Betrug passend gemacht werden. »Es thut ein bißchen weh«, sagt die Stiefmutter im Märchen, »was schadet das aber?«

Märchen sind, wenn man die sprechenden Tiere und die Zahlenmagie abzieht, häufig Geschichten von gescheiterten Plänen. Eine Hexe baut im Wald ein Lebkuchenhaus, um Kinder in die Falle zu locken. Eine Königin beauftragt einen Jäger damit, Schneewittchen zu töten und ihr zum Beweis des Vollzugs Lunge und Leber zu bringen. Ein Junge zieht aus, das Fürchten zu lernen. Dass Märchen statisch sind, dass man in Märchen die Verhältnisse nicht ändern kann, können sie alle nicht wissen.

Wir erzählen uns Geschichten, um zu leben, hat die amerikanische Schriftstellerin Joan Didion gesagt. Tatsächlich erzählen wir uns besonders gern Geschichten vom Scheitern, um das Leben aushalten zu können. »Schmiedet einen Plan: er wird zunichte werden«, heißt es in Jesaja 8,10. Gelingen ist göttlich, Scheitern ist menschlich. Weniges ist so trostreich wie ein Plan, von einem anderen gefasst, der nicht aufgeht.

»Aschenputtel«, das ist die Geschichte einer Frau, die will, dass ihre beiden Töchter es einmal besser haben als sie selbst. Die Gelegenheit ergibt sich, als sich der Prinz des Landes in eine Unbekannte verliebt, von der er nichts weiter besitzt als einen Schuh. Welcher dieser Schuh passe, lässt der Prinz verkünden, die werde er heiraten.

»Hört«, sagt also die Mutter heimlich zu den beiden Töchtern: »Da habt ihr ein Messer, und wenn euch der Pantoffel doch noch zu eng ist, so schneidet euch ein Stück vom Fuß ab.«

Märchen sind auch Fiebergeschichten. Alles ist deutlich konturiert und überdeutlich ausgeleuchtet, scheinbar realistisch und dennoch seltsam in den Proportionen verschoben; alles lässt sich psychologisch ausdeuten. Alles ist metaphorisch zu verstehen und zugleich sehr konkret: Da habt ihr ein Messer ... Jeder, der als Kind, krank ans Bett gefesselt, Märchen gelesen hat, kennt die Erfahrung, wie sich aus eigenen Ängsten und einer Abfolge tiefenscharfer Schockbilder ein Sog entwickelt: l'appel du vide, der Lockruf der Leere, schwindelerregend und doch unwiderstehlich.

Hier, im Märchen, entsteht das Schwindelgefühl aus der Gewissheit, dass der Plan der Stiefmutter scheitern wird. Weil er scheitern muss; weil die Pläne von Stiefmüttern in Märchen immer scheitern. Weil das Böse nur deshalb da ist, um bestraft zu werden. Es berührt einen seltsam, dass die Stiefmutter all das nicht weiß. Die Regeln des Märchens, ebenso wie die Regeln des Erzählens, können nur jene erkennen, die nicht Teil der Geschichte sind.

Natürlich passt der Schuh nicht; der Versuch, ihn passend zu machen, sieht aus wie eine Lösung, dabei ist er schon Teil der Strafe. Märchen werden erzählt, weil sie die Unschuld ins Recht setzen. »Da nahm sie das Messer und schnitt sich ein Stück von der Ferse, bis sie den Fuß in den Pantoffel hineinzwängte.«

Bis heute ist »Aschenputtel« eines der beliebtesten Märchen der Deutschen. »Darum geht innerlich durch diese Dichtungen jene Reinheit, um derentwillen uns Kinder so wunderbar und selig erscheinen«, schrieben Jacob und Wilhelm Grimm im Vorwort zur zweiten Auflage ihrer Märchensammlung von 1819.

Die Strafe gehört zur Reinheit dazu. Bei Aschenputtels Hochzeit stürzen sich die Tauben, die den Betrug aufgedeckt haben, auf die beiden Stiefschwestern – und picken ihnen die Augen aus.

Der Meister des Strichpunkts

Er hatte den Haß, den psychischen Gegendruck
einer Welt überwunden, und damit waren der
physischen Macht seiner Feinde wichtige Stützen
entzogen. Ein übriges tat sein moralischer
Radikalismus, die Tiefe seiner Entschlossenheit,
die ihn den anderen so widerwärtig zugleich
und entsetzlich, wie ein fremdes und bösartiges
Tier erscheinen ließ, so daß ihnen zuletzt vor
ihm graute. Ein sittlicher Vorteil war, daß es
für ihn um Tod und Leben ging; das gab ihm
eine Unbedingtheit, von der die anderen nichts
wußten.

Thomas Mann, Friedrich und die große Koalition

———

FÜR MENSCHEN, DENEN alles im Leben eindeutig erscheint, ist das Semikolon ein verdächtiges Satzzeichen. Es gibt den Punkt, es gibt das Komma; das muss reichen.

Der Zeichner und Grafiker Horst Janssen, der nicht nur in seinen Bildern alles Eindeutige vermied, hat über das Semikolon gesagt: »Es trennt das eine Begehren nicht vom nächsten wie ein Punktum – nicht mal für eine Weile – es tut aber auch nicht so lässig wie ein Komma, das sagen wollte: Ich bin noch nicht fertig.«

Tatsächlich ist das Semikolon ein sehr zeitgemäßes Satzzeichen. Weil nur weniges eindeutig und eben sehr vieles schillernd ist, ambivalent. Das heißt nicht, dass sein Gebrauch nicht anspruchsvoll wäre. Das Semikolon trennt und verbindet, es verlangsamt den Gedankenfluss, ohne ihn zum Stillstand zu bringen.

Thomas Mann verstand vom Begehren mindestens ebenso viel wie von Ambivalenz. Mehr als 760-mal, heißt es, habe er in seinen *Buddenbrooks* ein Semikolon verwendet. Auf den ersten Blick knapp 800 Seiten lübische Kaufmannstristesse, auf den zweiten aber: eine Feierstunde für den Strichpunkt, wie er auf Deutsch genannt wird.

Seit 1905 spätestens trug sich Mann mit dem Gedanken, einen Roman über Friedrich den Großen zu schreiben. Er war in Potsdam und in Sanssouci gewesen und hatte Thomas Carlyles Biografie gelesen. Die Gestalt, schrieb er an seinen Bruder Heinrich, sei ihm »aufregend nahegekommen«.

Was ihn reizte: einen Helden menschlich-allzumenschlich darzustellen, »mit Skepsis, mit G e h ä s s i g k e i t, mit psychologischem Radicalismus und dennoch positiv, lyrisch, aus eigenem Erleben: mir scheint, das ist überhaupt noch nicht geschehen ...«

1914 war es endlich so weit. Vom Kriegsausbruch patriotisch erhoben, näherte sich Mann dem Preußenkönig wie ein Forscher, der ein übergroßes Insekt seziert: ehrfürchtig, staunend, schaudernd. Wie einer sich unter dem Eindruck von Siegen, Niederlagen und erneuten Siegen noch zu Lebzeiten in einen Mythos verwandelt, darum geht es – und zugleich darum, zu schildern, welche Verwüstungen die Wechselfälle des Lebens in einer Seele anrichten.

Friedrich ist ein Asket, der viel gewinnt, weil er vieles opfert und dabei den Menschen (und am Ende sich selbst) fremd wird. Die »Tiefe seiner Entschlossenheit« habe den Siebenjährigen Krieg entschieden, schreibt Mann. Friedrichs moralischer Radikalismus erschien weniger radikalen Naturen (allen also) widerwärtig und entsetzlich.

Eigentlich könnte Mann hier einen Punkt setzen. Aber er will höher hinauf: ins Ungefähre, zum Kern friderizianischer Einsamkeit. Ein sittlicher Vorteil Friedrichs war, schreibt er, »daß es für ihn um Tod und Leben ging; das gab ihm eine Unbedingtheit, von der die anderen nichts wußten«.

Ein kleines Semikolon nur, und plötzlich: eine andere Farbe, ein neuer Ton – der ganze Absatz ist durch das Semikolon neu ausgerichtet, es stellt den Gedanken ins Licht und transponiert ihn gleichsam.

»Menschlich-allzumenschlich« wollte Mann den Preußenkönig zeichnen, das hatte er sich von Nietzsche ausgeborgt, der bei diesem Friedrich eine eher weibliche, willenzersetzende Skepsis ausgemacht hatte und gleichzeitig einen zähen Willen »zu gefährlichen Entdeckungsreisen, zu vergeistigten Nordpol-Expeditionen unter öden und gefährlichen Himmeln«.

Thomas Mann kannte die öden Himmel ebenso wie die Skepsis, von vergeistigten Expeditionen gar nicht zu reden. Was ihn an Friedrich abstieß, faszinierte ihn gleichzeitig auch. »Zuweilen möchte man glauben«, schreibt er mit lyrischer, bewundernder Gehässigkeit über den toten König,

»er sei ein Kobold gewesen, der aller Welt Haß und Abscheu machte und alle Welt hineinlegte, ein ungeschlechtlicher, boshafter Troll, den umzubringen hundert Millionen Menschen sich vergebens ermatteten, da er entstanden und gesandt war, um große, notwendige Erdendinge in die Wege zu leiten, – worauf er unter Zurücklassung eines Kinderleibes wieder entschwand.«

Ein anderer Blick auf Amerika

Eine Herde von Photoamateuren schwärmte,
aufgescheuchten Schafen gleich, über die Decks.
Die Freiheitsstatue ragte in einem zerrissenen
Nebelmantel aus dem Meer und war eine biedere
Schwester der beliebten Riesinnen, Bavaria,
Germania oder Berolina, denen man in den hohlen
Kopf steigen kann, um aus ihren blinden Augen
den nichtssagend erweiterten Horizont zu sehen,
ein Mutterkomplex der Nation, eine Matrone,
die mißmutig eine nasse Fackel hält, aber nichts
erhellt.

Wolfgang Koeppen, Amerikafahrt

―――――

ZWEI SORTEN REISESCHRIFTSTELLER gibt es: diejenigen, denen in der Fremde alles neu, und die anderen, denen in der Fremde alles bekannt vorkommt. Für die zweite Gruppe gibt es glücklicherweise das Klischee. Es ist fürs Schreiben ungefähr das, was die Funktion »Wortvorschläge« für das Texten auf dem Smartphone ist: eine Prothese, die sich angenehm echt anfühlt. New York, beispielsweise, beschreibt sich für diese Sorte Schriftsteller fast von allein: Straßenschluchten, Schmelztiegel, Asphaltdschungel, Big Apple. Fertig.

Zur ersten Gruppe zählt der Schriftsteller Wolfgang Koeppen, der Anfang der 1950er-Jahre in Deutschland mit Romanen wie *Tauben im Gras* oder *Das Treibhaus* bekannt wurde. Im April 1958 brach Koeppen zu einer Entdeckungsreise in ein Land auf, in dem er nie zuvor gewesen war. Er kannte es natürlich trotzdem. Jeder kennt Amerika, jeder hat eine Anschauung von diesem Land, sogar jene, die niemals dort waren; jene vielleicht am entschiedensten. Hatte nicht Karl May seinen Wilden Westen aufs Farbigste in Sachsen imaginiert? Und hatte nicht Franz Kafka in seinem Verschollenen-Roman »den wahrsten Traum« von Amerika geträumt, wie Koeppen schreibt, obwohl er nie in den USA gewesen war?

Koeppen reiste mit dem Schiff, bereit, das ihm unbekannte Land überwältigend fremd und zugleich verstörend vertraut zu finden. Die behutsame Anreise gab ihm Zeit, sich auf *den* Übergangsmoment der Moderne vorzubereiten: den Augenblick, in dem die Freiheitsstatue in Sicht kommt.

Was sieht man da? Was muss man mitdenken bei ihrem Anblick, der Millionen von Müden und Beladenen tröstete und der, im Moment der Passage und eben *durch* die Passage, aus Auswanderern Einwanderer machte, Willkommene?

Jeder Reisende sieht zunächst etwas anderes, ganz Eigenes. Thomas Mann, der ein paar Jahre vor Koeppen nach Amerika gegangen war, sah »ein naives Symbol, recht fremd geworden in unserer Gegenwart«.

»Vom Sockel aus fällt ein Scheinwerfer auf ihre lückenlos durch ein faltiges Gewand verhüllte Gestalt«, notierte, unbeeindruckt, der Reporter Egon Erwin Kisch bei ihrem Anblick.

Das Schönste sei, schrieb Joseph Roth in seinem Roman *Hiob*, »daß diese Fackel in der Nacht brennt und dennoch niemals ganz verbrennen kann. Denn sie ist nur elektrisch beleuchtet. Solche Kunststücke macht man in Amerika.«

Koeppen reist als vorsichtiger Enthusiast, er will sich nicht zu früh überwältigen lassen. Er weiß, was die anderen sehen (Photoamateure!), er weiß auch, dass es einen fremden Blick auf das Vertraute braucht, wenn diese Amerikafahrt zu etwas gut sein soll. Hatte nicht Kafka seinen Romanhelden Karl Roßmann in *Der Verschollene* die Freiheitsstatue »wie in einem plötzlich stärker gewordenen Sonnenlicht« erblicken lassen – und dann kühn behauptet: »Ihr Arm mit dem Schwert ragte wie neuerdings empor, und um ihre Gestalt wehten die freien Lüfte.«

Das ist falsch und trotzdem wahr. Es kommt ja weniger darauf an, was einer sieht, als darauf, was er erkennt. Vermutlich weiß Koeppen, dass die Statue ein Geschenk der Franzosen war, der Bildhauer Frédéric-Auguste Bartholdi hatte sie modelliert. Möglicherweise hat er auch davon gehört, dass Bartholdi seine Mutter Charlotte zum Vorbild für das Gesicht genommen haben soll, ausgerechnet.

»Bieder« ist das Wort, das Koeppen einfällt. Er sieht nicht die Freiheitsgöttin, sondern eine mürrisch dreinblickende, etwas herbe ältere Frau. Wenn die Freiheitsstatue eine Schwester der Germania ist, wie Koeppen sagt, so ist sie, vom Deck eines aus Europa einlaufenden Schiffes aus betrachtet, nicht einmal eine entfernte Cousine der französischen Marianne.

Und weil er bei New York eben nicht automatisch an Wolkenkratzer, Schmelztiegel und Straßenschluchten denkt, fällt Koeppen zur schönen These (Mutterkomplex!) ein ebenso schöner Vergleich ein: eine Matrone sei die Liberty, die »mißmutig« eine nasse Fackel hält.

Dann ist der Moment vorbei. Koeppen ist auf der anderen Seite des Ozeans angekommen, gleich wird die Fremde ihn willkommen heißen. Das Abenteuer beginnt.

Worte gegen die Sprachlosigkeit

Die Luft wurde kalt, empfindlich kalt, es fiel Tau,
daß Kleider und Instrumente feucht waren – die
Tiere entsetzten sich; was ist das schrecklichste
Gewitter, es ist ein lärmender Trödel gegen diese
todesstille Majestät.

Adalbert Stifter, »Die Sonnenfinsternis am 8. Juli 1842«

―――

NATURGEMÄSS ENTZIEHT SICH Unbekanntes der Beschreibung. Die Grenzen meiner Sprache, hat der Philosoph Ludwig Wittgenstein behauptet, bedeuten die Grenzen meiner Welt. Es bleibt ein Ungenügen. Naturphänomene, Extremerfahrungen, überhaupt Unerhörtes: Wem es die Sprache verschlägt, der hätte gern in Worte gefasst, was er fühlt, was er ahnt, was er fürchtet; was ihn erhebt.

Für Dichter eine schöne Herausforderung. Wie beschreibt man, was anderen »unbeschreiblich« erscheint? Wo findet man Worte für Dinge, die alle anderen wortlos machen?

Eine Sonnenfinsternis beispielsweise. So selten, dass die Menschen bis heute rätseln, ob nicht doch eine Sonnenfinsternis gewesen sein kann, was die Bibel, als Christus am

Kreuz stirbt, so beschreibt: »Die Sonne verfinsterte sich, die Erde bebte, die Toten standen aus den Gräbern auf, und der Vorhang des Tempels zerriß von oben bis unten.«

Eine Sonnenfinsternis ist, einerseits, erst einmal Physik. Adalbert Stifter, der Dichter des *Nachsommers*, wusste das, als er am 8. Juli 1842 in Wien »bei dem günstigsten Himmel« Zeuge einer totalen Sonnenfinsternis wurde. Stifter hatte Mathematik, Astronomie und Physik studiert, er konnte die astronomischen Voraussetzungen mühelos erklären: Sonne, Erde und Mond in einer Linie, Bewegungen umeinander, Licht, Helligkeit und Schatten. Leicht hätte er aus Achsendrehung und Trabantenbahnen, aus Beleuchtungsstärke, Protuberanzen und Perlschnurphänomen eine Zeichnung fertigen können, die das Ereignis maßstabsgetreu abbildet.

Es hätte nur nichts erklärt.

Stifter weiß, dass er eine Sprache finden muss. Und da er keine neuen Wörter erfinden kann, muss er die bekannten Wörter so kombinieren, dass sich das Nie-Geschaute in ein Nie-Gehörtes verwandelt.

Die Natur wird still, die Vögel verstummen, die Tiere verkriechen sich? Die Schwalben wurden unruhig, schreibt Stifter, eine Art Vorbeben. Und dann: »Die Tiere entsetzten sich« – Unruhe, Stille und namenlose Furcht in einem.

Die Luft bewegt sich? Stifter fällt das interessante Wort »Finsterniswind« ein. Es geht ja immer auch darum, ein Wunder aus einer Sphäre in eine andere zu überführen, hier: von der Natur in die Sprache. Es geht nicht darum, es zu zerstören. »Seltsam war es, daß dies unheimliche, klumpenhafte, tief schwarze, vorrückende Ding, das langsam die Sonne wegfraß, unser Mond sein sollte …«

Die Erschütterung, die Stifter empfindet, verdankt sich seiner Gabe, gleichzeitig zu sehen und zu hören, zu wissen und zu glauben. »Der schöne sanfte Glanz des Himmels erlosch, als liefe er von einem Hauche matt an«, schreibt er ergriffen, das Licht ist ihm plötzlich bleischwer, das »unheimliche Entfremden« der Natur kommt einem allmählichen Sterben gleich. Farben tönen, ein fürchterliches Rot steht neben einem tiefen, schweren Blau, Stifter schreibt gleichsam aus dem Kernschatten der Sprache heraus. »Es war der Moment, da Gott redete und die Menschen horchten.«

Das, was man nicht kennt, durch das zu beschreiben, was bekannt ist: so könnte es gelingen. Ein Gewitter hat jeder schon erlebt. Das schrecklichste Gewitter, sagt Stifter, als die Finsternis endlich da ist, ist »ein lärmender Trödel gegen diese todesstille Majestät«. Er spürt Erhabenheit, Sterblichkeit, Schönheit, Musik, »als hätte Gott auf einmal ein deutliches Wort gesprochen und ich hätte es verstanden«.

Ein früher, heiterer, todesstiller Wiener Morgen im Sommer 1842, ein flüchtiger Zusammenklang von Achsendrehung, Trabantenbewegungen und Protuberanzen. Und Adalbert Stifter findet Worte für die Ewigkeit.

Die Traurigkeit des Revolverschützen

Schießen besagt weder für noch gegen Subjekt oder Objekt etwas. Erstens ist ein Revolver kein Beil, das heißt, ein Revolver ist so leicht zu handhaben, dass dem primitivsten Menschen die Wirkung nicht klar ist. Ein Beil oder ein Dolch lassen auf Wut oder Rohheit schließen, zum Revolver genügt Traurigkeit.

Gabriele Tergit, »Wer schießt aus Liebe?«

———

IN GERICHTSVERHANDLUNGEN GEHT es immer um alles. Um Träume und Hoffnungen, um Lebensentwürfe und um das, was daraus wurde; um Demütigungen und Enttäuschungen. Und die meisten Zuschauer ahnen, dass sie es allein dem Zufall verdanken, dass der da vorne angeklagt sitzt und sie hier hinten nur beobachten, und nicht umgekehrt.

Menschen töten ihren Lebenspartner aus Liebe – oder aus Mangel an Liebe, der Unterschied sei schwer auszumachen, sagt der große Menschenforscher Georg Stefan Troller, der vor Jahren einen verstörenden Film gemacht hat über Männer und Frauen, die der Liebesverlust, oder der Liebesentzug, zu Mördern gemacht hat. Die getötet haben, weil die Liebe, oder das, was sie dafür hielten, zu groß wurde, größer als sie selbst, unerträglich.

Wieso stehen jene vor Gericht und nicht wir?, fragt auch Troller, er fragt es, weil er weiß, dass auch mancher da hinten auf den Zuhörerbänken dem Wunsch vielleicht einmal nahe gekommen ist, den Geliebten, oder die Geliebte, zu töten, damit sie oder ihn kein anderer haben kann; damit er, damit sie für immer bei einem bleibt, in Gedanken wenigstens.

Gabriele Tergit, die erst kürzlich mit ihrem wiederentdeckten Roman *Effingers* so bekannt geworden ist, wie sie es verdient, hat in den 1920er-Jahren in Gerichtsprozessen das Beobachten geübt, zunächst für den *Berliner Börsen-Courier*, später für die *Vossische Zeitung* und die *Weltbühne*. Sie hat dabei einiges gelernt. Darüber, was passiert, wenn der eine mehr liebt als der andere, oder wenn ein Dritter ins Spiel kommt, oder die Langeweile, oder die Eifersucht.

Gleichzeitig wird sie, bei den Zuschauern hinten im Gerichtssaal, jenes Behagen bemerkt haben, das die Erkenntnis einem verschafft, dass es für jedes Vergehen, für jedes Begehren, sogar für jede Leidenschaft einen passenden Paragrafen, ein Urteil und damit ein Maß gibt.

Natürlich gibt es unzählige Möglichkeiten, einen Menschen zu töten. Die Frage ist: Warum wählt der eine das Beil oder den Dolch, tötet sein Opfer also aus der Nahdistanz, und warum greift ein anderer zum Revolver, der ihm eine allzu große Nähe erspart?

In Gerichtsreportagen geht es ja vor allem darum, hinter

den Verbrechen die Motive aufzuspüren, die *wahren* Motive. Zu erkennen, warum einer zum Dieb, zum Betrüger oder eben zum Mörder wurde. Und dieses Motiv, das wäre dann das Höchste, mit einem Wort auszudrücken, sodass es jeder, aber auch wirklich jeder versteht.

Menschenkenntnis braucht es dazu, Lebenskenntnis auch – und die Fähigkeit, sich nicht allzu schnell zu empören. Es hilft zu wissen, dass es Dinge im Leben gibt, auf die ein Paragraf, ein Urteil oder ein Strafmaß kaum je passen.

Tergit weiß, dass es Gründe gibt, warum einer mit einem Revolver schießt. Jähzorn oder Heimtücke etwa, Rache, vielleicht auch Wut oder Rohheit. Ein Urteil könnte man damit allemal begründen. Es würde nur nichts erklären. Schießen, schreibt Tergit, besagt weder für noch gegen Subjekt oder Objekt etwas, das ist klug beobachtet.

Und dann, ebenso klug, weil sie in zahllosen Prozessen gesehen hat, was den Menschen antreibt (und wie wenig ein Gericht das manchmal freilegen kann), schreibt Tergit den großen Satz hin: Zum Revolver genügt Traurigkeit.

Ein Wort wie ein Schlüssel. Schlichtere Gemüter finden ja alles, was aus der Leidenschaft kommt (das Verbrechen eingeschlossen), unverständlich. Während andere (und Gabriele Tergit gehört unbedingt dazu) sich bemühen, gerade das scheinbar Unverständliche zu verstehen. Hinter dem Abscheulichen also das Menschliche zu suchen, hinter dem Außergewöhnlichen das Alltägliche. Das eben, was aus *jedem* Menschen, der nicht völlig abgestumpft ist, einen Mörder machen könnte.

Zum Revolver genügt Traurigkeit. Wohin aber mit der Traurigkeit, nachdem das Urteil gesprochen wurde?

Wenn die Sprache modrig
im Mund zerfällt

Mein Geist zwang mich alle Dinge, die in
einem solchen Gespräch vorkamen, in einer
unheimlichen Nähe zu sehen: so wie ich einmal
in einem Vergrößerungsglas ein Stück von der
Haut meines kleinen Fingers gesehen hatte, das
einem Blachfeld mit Furchen und Höhlen glich,
so gieng es mir nun mit den Menschen und
Handlungen. Es gelang mir nicht mehr, sie mit
dem vereinfachenden Blick der Gewohnheit zu
erfassen. Es zerfiel mir alles in Theile, die Theile
wieder in Theile und nichts mehr ließ sich mit
einem Begriff umspannen.

Hugo von Hofmannsthal, Brief des Lord Chandos

1958 DREHTE ALFRED HITCHCOCK, einer der großen Psychologen des Kinos, einen Film über einen Mann, der Traum und Wirklichkeit nicht unterscheiden kann. Auf dem Plakat von »Vertigo« ist eine Schraubenlinie zu sehen: ein Wirbel, der den Betrachter in den Abgrund zieht. Heute gilt »Vertigo« als einer der besten Filme aller Zeiten. Gut möglich, dass der Sog in den Abgrund *die* Grunderfahrung der Moderne ist.

Im Jahr 1902, Hitchcock war gerade mal drei Jahre alt, veröffentlichte der Wiener Dichter Hugo von Hofmannsthal einen Text über die Wahrnehmung – über den Schwindel, der ihn erfasst hatte und mit ihm das ganze Zeitalter. »Es ist mir völlig die Fähigkeit abhanden gekommen, über irgend etwas zusammenhängend zu denken oder zu sprechen«, ließ er einen fiktiven Lord Chandos schreiben, hinter dem sich unverkennbar Hofmannsthal selber verbarg. Er empfinde Unbehagen, Begriffe wie »Geist« oder »Seele« auszusprechen. Die Wörter passten nicht mehr zu den Dingen, alles erscheine ihm »so unbeweisbar, so lügenhaft, so löcherig wie nur möglich«. Die Sprache schien nicht länger geeignet, die Welt zu ordnen.

So originell gedacht, so aufrichtig beschrieben, so virtuos formuliert hatte bis dahin noch keiner, was mit der Gegenwart ganz offensichtlich nicht stimmte. Es war eine schöne Pointe, dass dieser erfundene Chandos seinen Brief ausgerechnet an den echten Francis Bacon schrieb, einen Zeitgenossen Shakespeares. Bacon hatte versucht, das bekannte Weltwissen in einer Enzyklopädie zu versammeln.

Hofmannsthals Glück war es, dass seine persönliche Krise mit der Krise seiner Zeit zusammenfiel. Das 19. Jahrhundert, aus dem er kam, hatte die bekannte Welt in Bewegung gesetzt. Alles raste, wandelte, erneuerte sich, Anschauungen standen gegeneinander, Empfindung und Sprache fielen ebenso auseinander wie Natur und Kunst. Viele Menschen fühlten sich desorientiert, entwurzelt.

Hofmannsthal hatte schon als 17-Jähriger von einem Leidensweg gesprochen, den ein Gedanke zurückzulegen habe, von einer *via dolorosa*: vom »Gefühltwerden zum Bewußtwerden, vom Bewußtwerden zum Verstandenwerden, vom Verstandenwerden zum Ausgedrücktwerden«.

Jetzt, mit 28, drückte er aus, was andere nur undeutlich empfanden. Begriffe nahmen plötzlich eine »schillernde Färbung« an, abstrakte Worte zerfielen ihm »im Munde wie modrige Pilze« – ein Eingeständnis, das Kollegen beeindruckte, Kritiker verblüffte und Zeitgenossen zu Bewunderern machte.

Hofmannsthal, das ist das unerhört Moderne, empfindet überdeutlich, gleichsam kinematografisch: Sein Blick auf die Welt ist extreme Nahaufnahme *und* gleichzeitig Totale. Alles erscheint ihm in »unheimlicher Nähe«. Wo Oberfläche sein sollte, sieht er Furchen und Höhlen. Alles zerfällt ihm, das Ganze in Teile, die Teile in noch mehr Teile, ein zersplitternder Geist vor einer zersplitterten Welt. Karl Kraus hat beschrieben, was Aphasie bedeutet: »Je näher man ein Wort ansieht, desto ferner sieht es zurück.«

Hitchcock, der wusste, dass Bilder viel besser als Sprache geeignet sind, unsere Ängste auszudrücken, fand in »Vertigo« eine Entsprechung für dieses Schwindelgefühl, indem er die Kamera rückwärts gleiten und zugleich vorwärts zoomen ließ, Sog und Rückstoß in einem.

Bei Hofmannsthal ist es andersherum, das Bewusstsein zoomt vorwärts, während der Geist zurückweicht:

»Die einzelnen Worte schwammen um mich; sie gerannen zu Augen die mich anstarrten und in die ich wieder hineinstarren muß: Wirbel sind sie, in die hinabzusehen mich schwindelt, die sich unaufhaltsam drehen und durch die hindurch man ins Leere kommt.«

Am Ende findet Hofmannsthal die Wahrheit im Konkreten. Ein Schwimmkäfer, der in einer halb vollen Gießkanne »auf dem Spiegel dieses Wassers von einem dunklen Ufer zum andern rudert«, macht ihn schaudern.

Das Konkrete, das Unheimliche, die Tiefe. Wir können nicht mehr tun, schrieb der Dichter Johannes Bobrowski, »als über der Wirklichkeit wie über einer versunkenen Stadt kreisen mit unseren Booten«.

Der Zauber des letzten Satzes

Es war ihnen, wenngleich im Magen etwas schwer, im Herzen durchaus leicht zumute. In ihren finsteren Seelen schwankte es mit einem Mal so angenehm heiter. Und auf ihren Gesichtern lag ein mädchenhafter, zarter Glanz von Glück. Daher vielleicht die Scheu, den Blick zu heben und sich gegenseitig in die Augen zu sehen.

Als sie es dann wagten, verstohlen erst und dann ganz offen, da mußten sie lächeln. Sie waren außerordentlich stolz. Sie hatten zum ersten Mal etwas aus Liebe getan.

Patrick Süskind, Das Parfum

EINE GESCHICHTE ANZUFANGEN ist einfach. Alles, was es brauche, hat Hemingway gesagt, sei ein wahrer, ein wahrhaftiger Satz. *A true sentence.* Genauer: »Schreib den wahrsten Satz, den du kennst.« Von diesem Satz aus entwickelt sich alles andere beinahe zwangsläufig. Clint Eastwood, nach der Handlung seines nächsten Films gefragt: »Ich reite in eine Stadt. Der Rest ergibt sich.«

Eine Geschichte zu beenden ist beinahe noch einfacher. Ein Leser, der dem Autor über 300 oder 800 Seiten gefolgt ist, muss nicht länger umworben werden. Er will nur noch, dass alle Fragen beantwortet, alle Rätsel gelöst, alle Figuren an ihren Platz gebracht werden. Dass alles sich fügt.

Andererseits ist ein Ende natürlich schwieriger als ein Beginn. Das Ende soll eine Geschichte zwar zu einem Abschluss bringen, aber eben nur *beinahe*; ein perfekter letzter Satz ist eine Rampe, die die Fantasie des Lesers zum Fliegen bringt. Magie entsteht durch Nachhall. Ein gutes Ende ist kein Abschluss, sondern immer nur eine Brücke.

»Im achtzehnten Jahrhundert lebte in Frankreich ein Mann ...«, so märchenhaft beginnt Patrick Süskind seinen Roman *Das Parfum*. Es geht um Abscheulichkeit und Genie, um Sehnsucht und Gestank, das vor allem: Gestank nach fauligem Holz und Rattendreck, nach geronnenem Blut und Zwiebelsaft. Eine Geschichte über einen, der feiner riechen kann als seine Mitmenschen und der darüber zum Mörder wird.

Wie lässt man so etwas ausklingen? Welchen Abgang soll eine solche Geschichte haben?

Süskinds Held ist ein Einzelgänger, der am Ende eine besondere Form der Gemeinschaft erfährt: Er wird verspeist. Seine Mitmenschen haben ihn, zum ersten Mal überhaupt und im Wortsinn, zum Fressen gern.

Das Wort, das Süskind an dieses Ende setzt, ist »Liebe«. Tod und Liebe, das ist ja einer der größten Gegensätze überhaupt. Entsprechend behutsam bereitet Süskind sein Ende durch kleinere Gegensätze vor. Der Magen leer, die Herzen leicht, die Seelen finster und dann plötzlich heiter – beinahe tänzelnd nähert er sich dem Ungeheuerlichen. Gleichzeitig rückt er die Orgie, mit der das *Parfum* endet, durch Ironie in eine schwankende Halbdistanz. Der Magen *etwas* schwer, die Herzen *durchaus* leicht; allein über das königlich unverschämte »wenngleich« ließen sich Seminararbeiten verfassen. Süskinds Ton vor allem macht, dass über der Barbarei ein mädchenhaft zarter, vorfreudiger Glanz liegt.

Und als die Kannibalen sich schließlich in die Augen sehen? Lächeln sie, und mit ihnen lächeln die Leser, die längst verzaubert sind, bereit für jede Überraschung.

Der letzte Satz ist ja, wenn er gelingt, eine Pointe, die ein Buch zur Erkenntnis hinwendet. »Er liebte den Großen Bruder«, so beendet George Orwell seinen Zukunftsroman *1984*, nachdem er seinem Helden zuvor die Geliebte, die Selbstachtung und jede Illusion genommen hat.

»Morgen ist auch noch ein Tag«, das ruft Scarlett O'Hara ihrem geliebten Rhett Butler hinterher, der sie verlassen hat, in *Vom Winde verweht*.

Und wie schließt Franz Kafka seinen *Prozeß*, nachdem er Josef K. hat sterben lassen? »›Wie ein Hund!‹ sagte er, es war, als sollte die Scham ihn überleben.«

Schreiben, wie Edward Hopper malt: Entscheidender als das, was man sieht, ist das, was nicht zu sehen ist. Ein gutes Ende liefert eine Auflösung und schafft zugleich ein Geheimnis, das groß genug ist für eine weitere, die wahre Geschichte.

Und Süskinds Kannibalen, lächelnd, satt und ein wenig stolz? Nun endlich kommt, nach vielen kleinen Gegensätzen, der größtmögliche: »Sie hatten zum ersten Mal etwas aus Liebe getan.«

Das Parfum wurde ein Welterfolg. Es ist, bis heute, Süskinds einziger Roman geblieben. Der Schlusssatz war tatsächlich ein Schlusssatz, aber das wusste damals möglicherweise nicht einmal Patrick Süskind selber.

Die Ohnmacht der Allmächtigen

Während die Starken sich ruhig einmal irren
können, ohne etwas zu verlieren, weil selbst die
mächtigsten Menschen noch Menschen sind –
ja sogar ihre Irrtümer machen sie nur noch
menschlicher –, darf sich, wer sich als Allmacht
aufspielt, niemals irren, weil es entweder Allmacht
ist oder gar nichts.

Anna Seghers, Das siebte Kreuz

DIE ZAHL SIEBEN ist seit jeher die Zahl der Märchen und Wunder. Sieben Geißlein und sieben Pforten des Paradieses, sieben Hügel Roms, der Herr der sieben Meere und der siebte Himmel, in dem wir uns wähnen; am siebten Tag ruhte Gott von der Schöpfung aus, und Joseph sagte dem Pharao sieben fette und sieben magere Jahre voraus – Zahlenmystik, das ist ihr Makel und zugleich ihr größtes Versprechen, ist ein Buch mit sieben Siegeln.

Anna Seghers' Roman *Das siebte Kreuz* erzählt das Wunder einer Rettung. Sieben Häftlinge fliehen aus einem deutschen Konzentrationslager, der Lagerkommandant lässt sieben

Kreuze errichten und befiehlt, die Männer binnen sieben Tagen zurückzubringen. Einer von ihnen entkommt, deswegen bleibt das siebte Kreuz leer.

Ein Schlüsselwerk des 20. Jahrhunderts, auch wegen seiner Entstehungsgeschichte. Anna Seghers, Jüdin und Kommunistin, hatte Deutschland 1933 verlassen müssen, über Paris, Marseille, Martinique, New York und Veracruz gelangte sie nach Mexiko-Stadt. In Paris vollendet, wurde das erste Kapitel des Romans in der Moskauer Zeitschrift *Internationale Literatur* abgedruckt. Die vollständige Fassung erschien 1942 in den USA (auf Englisch) und in einem mexikanischen Exilverlag (auf Deutsch). Ein Zeitdokument: Eine Frau auf der Flucht schreibt die Geschichte eines Mannes auf der Flucht.

Um Macht geht es, um Menschlichkeit – und um den Unterschied zwischen Macht und Allmacht, der den Ausschlag gibt, ob einer Mensch ist oder nichts. Dass das siebte Kreuz leer bleiben wird, verrät Anna Seghers gleich zu Beginn, die Geschichte zieht daraus eine schöne Gewissheit: Während die Nazis nur glauben, allmächtig zu sein, wissen ihre Opfer, dass Anstand und Solidarität am Ende siegen werden. Weil Macht, die jeden Irrtum ausschließt, nicht dauern kann. Weil Menschen sich der Unmenschlichkeit eine Zeit lang unterwerfen, aber nicht unendlich lange. Und weil gerade das Irren, und nicht das Rechthaben, den Menschen vom Unmenschen trennt.

Tatsächlich ist *Das siebte Kreuz* eine umgekehrte Passionsgeschichte, wie der Tübinger Theologe Karl-Josef Kuschel gesagt hat: eine Bewegung weg vom Kreuz, ausnahmsweise, nicht zum Kreuz hin.

Und womit begründet Anna Seghers ihre Zuversicht? Mit einem etwas komplizierten Satz, der den Einzelfall ins Allgemeine emporhebt. 46 Wörter, sechs Kommata und einen Einschub hat dieser Satz – und ist trotzdem von allergrößter Klarheit. Dreimal »Mensch«, dreimal »Macht«, nebenbei eine kleine Ohrfeige für die Peiniger (»aufspielt«), ein Ziel: Das Zitat ist so stark, weil es auf den größtmöglichen Gegensatz zusteuert und auf das kleine, gewaltige Wort »nichts« endet.

Dass dieses Buch geschrieben wurde, als die Nazis noch allmächtig schienen, macht seine Kraft aus. Hoffnung und Trost kommen aus Seghers' Gewissheit; ihr Vertrauen in das Gute des Menschen hat beinahe etwas Seherisches.

Später, nach ihrer Rückkehr in die DDR, ist Anna Seghers dann für ihre Zurückhaltung kritisiert worden, als es darum ging, Menschen beizustehen, die sich der Macht der Partei nicht fügen wollten. Als Präsidentin des Schriftstellerverbandes stand sie für die Erwartung, dass es das wirklich geben könnte: mächtig zu sein und menschlich zu bleiben.

Sie erhielt den Stalin-Friedenspreis und den Vaterländischen Verdienstorden in Silber, den Orden des Roten Banners der Arbeit und den Stern der Völkerfreundschaft, unter anderem. Dabei drückt jede einzelne Ehrung nur die beiden Seiten ihrer Biografie aus. Das Nicht-bleiben-Können und das Unbedingt-ankommen-Wollen gehören untrennbar zusammen, die Flucht vor der Macht und das Arrangement mit der Macht.

Jeder, hat Anna Seghers im *Siebten Kreuz* geschrieben, trage einen »eisernen Bestand« bei sich. Etwas, das ihn schirmt, das ihn aufrecht hält. »Wir fühlten alle, wie tief und furchtbar die äußeren Mächte in den Menschen hineingreifen können, bis in sein Innerstes, aber wir fühlen auch, daß es im Innersten etwas gab, was unangreifbar war und unverletzbar.«

Die Kunst der Beleidigung

»Herr Präsident, mit Verlaub, Sie sind ein Arschloch.«

Der Abgeordnete Joschka Fischer (Die Grünen) 1984 im Deutschen Bundestag

───────

JEMANDEN ZU BELEIDIGEN ist einfach. Etwas Verwegenheit gehört dazu, eine kleine Derbheit und eine Grenze, die sich gefahrlos überschreiten lässt. Das Einzige, was viele Schüler aus dem *Götz von Berlichingen* erinnern, ist »die Stelle« im dritten Aufzug, an der Goethe seinen Götz ausrufen lässt: »Er aber, sag's ihm, er kann mich im Arsche lecken!«

Im März 1983 zogen die Grünen zum ersten Mal in den Bundestag ein. Karl Carstens war Bundespräsident, Erich Honecker regierte in Ost-Berlin, die Deutschen sorgten sich um Umwelt und Frieden.

Die Grünen zeigten eine Vorliebe für Bärte und Selbstgestricktes, Joschka Fischer wurde ihr parlamentarischer Geschäftsführer. Wie aber profiliert man sich im Parlament? Wie findet man ein Selbstverständnis, einen Stil, der ernsthaft und ironisch ist, respektlos und respektvoll zugleich?

Am 18. Oktober 1984 debattierte der Bundestag über die Flick-Affäre. Der Konzern hatte mehreren Parteien verdeckte Spenden geleistet, zur »Pflege der politischen Landschaft«. Kanzler Kohl, hatte der Grünen-Abgeordnete Jürgen Reents behauptet, sei »von Flick freigekauft«, er wurde daraufhin von der Sitzung ausgeschlossen.

Die Debatte war bereits unterbrochen, als Joschka Fischer, der spätere Außenminister, gegen Reents' Rauswurf protestierte. Im Hinausgehen rief er dem Bundestagspräsidenten Richard Stücklen (CSU) zu: »Herr Präsident, mit Verlaub, Sie sind ein Arschloch.«

Eine vollendete Flegelei – und ein feines Beispiel dafür, wie sich mit kleinem Einsatz ein großer Effekt erzielen lässt.

Wobei die Beleidigung natürlich schon immer zum Parlamentarismus dazugehörte, auch wenn die Form selten auf die Höhe der Empörung kam. Barbara Hendricks (SPD) nannte den FDP-Politiker Martin Lindner den »berühmtesten Eierkrauler dieses Landes«, Andreas Scheuer (CSU) beschimpfte den SPD-Innenminister Otto Schily als »griesgrämigen Kabinettsgrufti«. Und Herbert Wehner (SPD), dessen Grobheit heute als legendär verklärt wird und der es auf 58 Ordnungsrufe brachte? Den CDU-Politiker Wohlrabe verhöhnte er als »Übelkrähe«, den CDU-Abgeordneten Todenhöfer schmähte er als »Hodentöter« – das ist, nicht nur im Vergleich zu Fischers eleganter Ungezogenheit, roh und unbehauen.

Fischers Beleidigung wahrt ja die Form und ist trotzdem unverschämt, das macht sie herausragend; sie ist eben herrlich unverschämt, *weil* sie scheinbar die Form wahrt. »Mit Verlaub«, das ist nach dem Deutschen Wörterbuch der Brüder Grimm eine »formelhafte redensart«, »besonders als einführung einer möglicher weise anstöszigen sache und rede«.

Fischer mischte also Stilebenen. Das korrekte »Herr Präsident«, dazu das schöne »Sie« und das perfide eingeschobene »mit Verlaub«: Da tritt einer ein paar Schritte zurück, während er die Steinschleuder spannt.

Wie ja überhaupt der Stilbruch Voraussetzung ist für eine gekonnte Beleidigung. Schmähungen sind umso wirkungsvoller, je hochsprachlicher der Urheber sonst redet. Helmut Schmidt, der spätere Bundeskanzler, sagte Ende der 1960er-Jahre über die Studentenproteste: »Während wir hier im Kabinett reden, hauen die in Kiel dem Rektor auf die Fresse und scheißen im Gerichtssaal auf den Tisch.«

Das ist nur scheinbar Affekt; in Wahrheit ist es, wie bei Fischer, Kalkül. Wobei sich Fischer immerhin, auch das gehört zum Spiel mit den Konventionen dazu, am nächsten Tag bei Stücklen entschuldigte.

Inzwischen wird die Kunst der Beleidigung auch unter Parteifreunden gepflegt. Der damalige Kanzleramtsminister Ronald Pofalla, CDU, sagte vor ein paar Jahren zu Wolfgang Bosbach, ebenfalls CDU: »Ich kann deine Fresse nicht mehr sehen.« Erfrischend ungehobelt und darum wirkungsvoll.

Bosbach lief dann ein Stück hinter Pofalla her, er setzte auf die Sache, während Pofalla längst persönlich geworden war. Bosbach wirkte wie ein Boxer, der im Fallen noch einmal die Arme hochreißt. »Ronald, guck bitte mal ins Grundgesetz, das ist für mich eine Gewissensfrage«, rief er.

Worauf Pofalla, bevor er in den Wagen stieg, entgegnete: »Lass mich mit so einer Scheiße in Ruhe.«

Wie man wahrhaftig über die Liebe schreibt

Wir sprachen und tranken, tranken und sprachen, und irgendwann – draußen war längst eine schwarze Nacht – kamen wir auf die erste Liebe zu sprechen, und auf die letzte, und auf das, was dazwischenliegt, all die Wege, die das Herz geht, in die Irre und doch auf ein Ziel zu. Die anderen Bewohner sagten wenig, aber sie kannten das auch, die Flammen, in die sich der Behütetste zuweilen jubelnd stürzt.

Urs Widmer, Liebesnacht

―――――

FAST ALLE BÜCHER handeln, auf die eine oder ganz andere Art, von der Liebe. Wie sie beginnt; wie sie schwindet; was sie mit einem macht. Wie sie bedroht wird, durch Kleinigkeiten, durch Gewohnheit zum Beispiel. Was passiert, wenn sie abhandenkommt.

Zwei Menschen verlieben sich ineinander, so geht es oft los, aber so bleibt es nicht. Oft taucht ein Dritter auf oder eine Dritte; die Figuren leiden, sie kämpfen, sie machen weiter. Und weil das Geheimnis von Büchern, ebenso wie von Filmen, »Identifikation« heißt, leidet auch der Leser. Indem er die Wege verfolgt, die das Herz geht, lernt er manches über die Liebe und manchmal etwas über sich selbst.

Hilfreich ist es, wenn man in Büchern auf Sätze stößt, die wahrhaftig sind. Die jemand nicht nur so oder so ähnlich gesagt haben könnte. Sondern die, wenn man sie denn sagen wollte, genau *so* gesagt werden müssen. Sätze, bei denen der Leser das Gefühl hat: Der Autor meint mich. Er sieht mich, er schreibt für mich, weil er mich kennt; weil er mich *erkennt*. In solchen Momenten wärmt den Leser (und natürlich die Leserin) die Gewissheit: Hier erzählt einer nicht irgendetwas, eine Geschichte, eine Anekdote, sondern: Hier erzählt jemand *mir* eine Geschichte, mir allein. Weil er weiß, wer ich bin, teilt er mir mit, wer ich sein könnte.

Urs Widmer, der Schweizer Schriftsteller, Kritiker und Essayist, schreibt in seiner Erzählung *Liebesnacht* über die Liebe. Seine Figuren reden so, wie man es aus alten französischen Filmen kennt: tastend und kühn, scheu und zugleich schonungslos. »... wir sprachen und tranken, tranken und sprachen«: eine rauschhafte Annäherung an die Dinge des Lebens: die erste Liebe, die letzte Liebe – und das, was dazwischenliegt. Hier schreibt offenbar einer, der die schwarzen Nächte kennt und weiß, dass man, wenn man an den Kern der Dinge heranwill, nicht drängeln darf.

Das, was dazwischenliegt. Das Leiden, die Kämpfe, all die Gefährdungen und Versuchungen; das Weitermachen. Die Erfahrung, dass Kleinigkeiten mitunter sehr groß werden können. Die Erfahrung, dass Gleichgewicht, in der Liebe jedenfalls, immer eine Illusion ist. So wie Stabilität.

Wahrhaftige Bücher sind Angebote zur Rettung. Ein wenig ist es wie in Franz Werfels Erzählung *Eine blaßblaue Frauenschrift*, in deren Verlauf Leonidas, die Hauptfigur, die Frau verrät, die er liebt, weil er die Karriere nicht aufgeben kann, für die er lebt. Am Ende bekommt er eine Chance, die er nicht verdient hat. Und sieht plötzlich »mit unaussprechlicher Klarheit«, dass an diesem Tag ein Angebot zur Rettung an ihn ergangen ist. Er weiß, schreibt Werfel, »daß er daran gescheitert ist. Er weiß, daß ein neues Angebot nicht wieder erfolgen wird.« Verlieren ist schlimm. Nicht gekämpft zu haben ist schlimmer. Es ist zum Verzweifeln.

Widmer schreibt wahrhaftig, weil er weiß, »was dazwischenliegt«. Und er findet drei Wörter, die perfekt passen. Auch der Behütetste (kann man menschenfreundlicher das Wort »der Ängstlichste« vermeiden?) stürzt sich in die Flammen, und er tut dies nicht zaghaft, sondern: jubelnd.

Grandios wird der Satz durch das beiläufige »zuweilen«: Die Liebe ist rätselhaft, sie kommt und geht, und jeder, der Flammen sucht, der die Irrwege abläuft, macht das, weil er an ein Ziel glaubt, das es nicht gibt.

»Die anderen Bewohner sagten wenig, aber sie kannten das auch«, schreibt Widmer. Die anderen Bewohner: Das sind wir, die Leser, die Widmer in dieser schwarzen Nacht an diesem Tisch Platz nehmen lässt und die wissen, dass es allzu viele Angebote zur Rettung nicht geben wird.

Vor Jahren war in Deutschland ein Postkartenmotiv populär. Ein Junge war darauf zu sehen, kurze Hose, Wollmütze, die Hände verwegen in den Taschen. »Du fragst mich, was soll ich tun?«, das war der Text dazu.

Die Antwort: Lebe wild und gefährlich, Artur.

Warum Verachtung mitunter hilft

Das Verhältnis zum Vaterlande ist wie jede Liebe
ein absolutes, unteilbares Ganzes oder es ist
nichts. An seinem vollen heiligen unverkürzten
Rechte an der Heimat kann man nicht wie an
einer Klassenlotterie ein Sechzehntel spielen
und den Ausfall auf gut Glück stellen. In meinem
Einzelfalle steht es so, dass mir die Ehre der
Stellung innerhalb der Nation, die ich mir durch
die Aufopferung meines ganzen Lebens gewonnen
habe, abgesprochen und geschändet worden ist.
Von denjenigen, die mir das angethan haben,
nehme ich Vergütungen und Wiedereinsetzungen
nicht an. Sie haben weder zum einen noch zum
anderen eine Legitimation.

Rudolf Borchardt an Robert Davidsohn, 4. Januar 1934

WAHRSCHEINLICH IST ES kein Zufall, dass Rudolf Borchardt, dessen Vaterlandsliebe umso größer wurde, je weiter sich das Vaterland von ihm entfernte, bevorzugt in Briefen über diese Liebe Auskunft gab. Eine Liebe, die ihren Adressaten nicht mehr findet, muss sich ja trotzdem ausdrücken – oder gerade deswegen. Weil der Liebende sonst an seiner Liebe ersticken würde, und an der Verzweiflung.

Rudolf Borchardt war ein Patriot und ein radikaler, elitärer Konservativer, hochbegabt, hochgebildet, ein geachteter Dichter und bewunderter Vortragsredner. Sein Deutsch, schrieb der Schriftsteller Martin Mosebach, sei »die höchste Steigerung eines wilhelminisch-akademischen Prunkdeutsch, eines Deutsch, das zu prasseln und zu schäumen, zu donnern und zu hallen versteht, das schier unendlich in seinen Perioden dahinrollen kann, von jener Art virtuoser Eitelkeit, die den Hörer und Leser entzückt, wie wenn ein Pfauenrad sich entfaltet«.

Borchardt war Protestant und Sohn einer jüdischen Mutter. Im Februar 1931 hielt er seinen letzten öffentlichen Vortrag in Deutschland. Eine Weile durfte er noch in Italien auftreten, Ende März 1933 war es auch damit vorbei. »Aus familiengeschichtlichen weitzurückreichenden Gründen« ziehe man ihn in seiner Legitimation in Zweifel, hieß es. Borchardt schrieb: »Meine Familiengeschichte erfüllt nicht die für den Zeitdeutschen vorgeschriebenen Forderungen der Turnierfähigkeit.«

Italien wurde sein Exil. Borchardt goss seinen Hass in Jamben, schrieb ein Gartenbuch und verachtete: prasselnd, donnernd, hallend. »Dreckseelen« und »Steißgesichter« nannte er die Nazis.

»Das Verhältnis zum Vaterlande ist wie jede Liebe ein absolutes, unteilbares Ganzes oder es ist nichts« – so klar und stolz blickt er aus der Ferne auf das, was ihm genommen wurde. Es geht um seine Stellung innerhalb der Nation, um Aufopferung, um Ehre; um einen großen Schmerz nach einer lebenslangen Kraftanstrengung.

Was Borchardts Brief an den Historiker Robert Davidsohn so berührend macht, ist die aufrechte Haltung, die Unbeugsamkeit. »Von denjenigen, die mir das angethan haben«, schreibt er, »nehme ich Vergütungen und Wiedereinsetzungen nicht an.« Es sei nicht schwer, notierte er später, von Tischen aufzustehen, wo alle Becher umgeworfen sind.

Hilft Verachtung beim Schreiben? Definitiv. Während der Hass an seinen Gegenstand heranzoomt, tritt die Verachtung zurück. Sie taxiert aus der Distanz. Das bringt oft eine schöne Kälte in den Text.

Verachtung klingt aus Alfred Kerrs Verdammung seines Freundes Gerhart Hauptmann, der sich den Nazis angebiedert hatte:

»Sein Andenken soll verscharrt sein unter Disteln; sein Bild begraben im Staub.«

Verachtung fühlte Thomas Mann, als ihm die Universität Bonn 1936 die Ehrendoktorwürde aberkannte: »Der einfache Gedanke daran, wer die Menschen sind, denen die erbärmlich-äußerliche Zufallsmacht gegeben ist, mir mein Deutschtum abzusprechen, reicht hin, diesen Akt in seiner ganzen Lächerlichkeit erscheinen zu lassen.«

Verachtung weitet den Blick. Wer hasst, visiert seinen Gegenstand wie durch ein Fernrohr: jedes Detail überscharf, allerdings in einem begrenzten Ausschnitt. Wer verachtet, überblickt ein Panorama.

Rudolf Borchardt, hat der Kulturjournalist Alexander Kissler geschrieben, habe versucht, »sich im Dichten neu zu beheimaten«. Das gelingt niemals ganz. »Ich erwarte in vollkommener Ruhe und in dem Gefühle meines besseren inneren Wissens den Tag meiner Rechtfertigung durch die allgemeine äußerste Not, den ich für mich nicht als Tag der Rache ansehen kann«, schreibt Borchardt an jenem 4. Januar 1934 mit wehmütigem Stolz und ohnmächtiger Großherzigkeit.

1943 nahm sich seine Mutter in Berlin das Leben, aus Angst vor der Deportation. Im August 1944 wurde Rudolf Borchardt von der SS in Italien verhaftet, kam aber wieder frei. Am 10. Januar 1945 erlag er einem Hirnschlag, 67 Jahre alt.

Nicht einmal vier Monate später waren die »Steißgesichter« am Ende. Den Tag seiner Rechtfertigung hat Borchardt nicht mehr erlebt.

Die Farben des Heimwehs

Der Park vor den Fenstern ist jetzt ganz
beleuchtet von der Oktobersonne, die allen
Farben einen Stich ins Unglaubliche zufügt, den
gelben Laubsprenkeln im Gras, der Elefantenhaut
der kahlen Platanen, dem bunten Astgewirr der
Dornbüsche auf der oberen Promenade, dem
kalten Hudson, dem verwischten Walddunst auf
dem jenseitigen Ufer, dem stählernen Himmel.
Das Sonntägliche ist auf einen Sonntag gefallen.
Es ist ein nahezu unschuldiges Bild, in dem Kinder
und Spaziergänger leben wie harmlos. Es ist eine
Täuschung, und fühlt sich an wie Heimat.

Uwe Johnson, Jahrestage

KANN ES SEIN, dass Heimweh das Grundgefühl des 20. Jahrhunderts ist? Millionen, die ausgewandert oder geflohen, ausgewiesen oder verjagt worden waren, die sich die Fremde heimisch machen mussten und dabei fortwährend von zu Hause träumten: vom Licht, vom Himmel, von der Sprache; von kleinsten Kleinigkeiten.

In dem schönen alten Schwarzweiß-Film »The Lusty Men«, der in Deutschland »Arena der Cowboys« hieß, kann man sehen, welche Macht Heimweh hat.

Robert Mitchum spielt einen Rodeo-Reiter. Weil er mit sich ins Reine kommen will, besucht er das Haus, in dem er aufgewachsen ist. Es ist ein wenig heruntergekommen. Mitchum zögert, dann kriecht er unter die Veranda und findet die Büchse, in der er als Kind seine Schätze aufbewahrt hat: ein paar Münzen, einen verrosteten Revolver, ein Rodeo-Programmheft.

Ein Film über die Sehnsucht, einen Ort zu haben, an dem man sich nicht erklären muss. Eine Geschichte über die Sehnsucht, überhaupt einen Ort zu haben, einen Platz in der Welt. Und darüber, was diese Sehnsucht mit denen macht, die ihren Ort verloren haben.

Uwe Johnson, im pommerschen Cammin geboren, lebte von 1966 bis 1968 in New York, Apartment 204, 243 Riverside Drive, an der Upper Westside von Manhattan. »Eine in der Architektur fast europäische Straße an der Westküste von Manhattan«, schrieb er, »mit Blick auf Parkbäume, Wiesen, Bodenschwünge und dahinter den Fluss Hudson so breit wie ein Binnensee in Mecklenburg.«

Es ist das »fast«, das den Unterschied macht. Fast europäisch. Eine Täuschung, oder eine Selbsttäuschung, je nachdem.

Johnsons Riesenroman *Jahrestage* dokumentiert Gesine Cresspahls Leben in Amerika. Sie ist aus der fiktiven mecklenburgischen Kleinstadt Jerichow nach New York gegangen, weil sie mit diesem seltsamen 20. Jahrhundert ins Reine kommen muss. Unter dem Eintrag »1. Oktober 1967« beschreibt Johnson einen Herbsttag. Gesine blickt auf den Hudson und denkt an Norddeutschland.

Johnson kannte ihren Zwiespalt gut: nicht weggehen zu wollen und dennoch nicht bleiben zu können. Also schreibt er, an diesem Oktobertag, ein Aquarell. In Manhattan malt er das verlorene Mecklenburg mit den Wasserfarben der Erinnerung.

Virtuos zu lesen ist das: wie Johnson die Farben zusammenrührt, die offensichtlichen und die verborgenen. Das Gelb des Laubes und das Elefantengrau der Platanenrinde, das ganz andere Grau des stählernen Himmels über der Buntheit des Astgewirrs. Es waren die Grautöne, mehr als alles andere, die ihm beim Erinnern halfen, die Farbe des Boddens und die Farben des Meeres, »beide jeden Tag sich nicht gleich und untereinander nicht«.

Für den, der die Heimat nicht vergessen kann, ist sie überall. Selbst New York sieht dann, mit ein wenig Fantasie, wie die norddeutsche Tiefebene aus. Wenn das Licht richtig leuchtet und wenn der Dunst so über der Stadt liegt, dass das Verwischte das Meer sein könnte, mit etwas gutem Willen jedenfalls.

Heimat ist überall und nirgends. Eine Luftspiegelung. Je unschärfer die Bilder sind, umso heftiger setzt das Heimweh einem zu. Jedes Bild eine Täuschung; nicht unter jedem Haus liegt eine Büchse mit Schätzen versteckt. »Nahezu unschuldig« ist das Bild, das Johnson im Oktoberlicht erblickt, von Kindern und Spaziergängern »wie harmlos« belebt. Es fühlt sich an wie Heimat. Fast.

Es gibt ein Gemälde von Edward Hopper, dem Meister amerikanischer Traumwelten, 1935 entstanden, es heißt

»Shakespeare at Dusk« und zeigt den New Yorker Central Park in der Dämmerung. Menschenleer, ausgeleuchtet von der untergehenden Sonne, die den Farben, nun ja, einen Stich ins Unglaubliche gibt. Eine Seelenlandschaft, wie in den *Jahrestagen*.

Uwe Johnson zog sich irgendwann zurück aus der Welt, jahrelang lebte er in Sheerness on Sea, auf einer Insel in der Themse-Mündung. 1984 starb er. Von seiner letzten Güstrow-Reise 1983 hatte er sich eine hölzerne Dachschindel mitgebracht, typisch für seine mecklenburgische Heimat. »Jerichow 9.8.83« hatte er darauf geschrieben.

»Ich bin sicher, es gibt Geschichten, die man so einfach erzählen kann, wie sie zu sein scheinen«, hat Johnson einmal gesagt. »Ich kenne keine.«

Wie aus Verzweiflung
Literatur entsteht

Unsere Herzen sind leer gelaufen, es hungert
uns nach Speise, nach dem, was die katholische
Kirche »Manna Seelenbrot« nennt. Ich möchte
wohl, wenn ich am nächsten Sonntag frei haben
und wieder Gottesdienst sein sollte, eine Kirche
aufsuchen – möchte sehen, ob die Menschen
dort Seelenbrot finden. Unsereiner, der zu keiner
Kirche gehört, quält sich in der Finsternis und
allein. Die Zukunft liegt bleiern auf uns. Ich
stemme mich dagegen, versuche, die Flamme in
mir brennend zu erhalten. Wozu? Wofür? Was ist
mir aufgegeben? Bin so hoffnungslos allein mit
alldem.

Anonyma, Eine Frau in Berlin

DEM UNGLÜCK, NICHT DEM GLÜCK verdanken wir viele großartige Bücher. Wo es um Verrat und Gefahr, um Leben und Tod geht, drängt es den Menschen, das Bedrohliche auszudeuten: in Romanen, Gedichten, Erzählungen. Not macht kreativ. Das Glück, sagt Montherlant, schreibt mit weißer Tinte auf weißes Papier.

Das Tagebuch ist das bevorzugte Genre in Krisenzeiten. Das Ungeheuerliche muss ja erst einmal verarbeitet werden, bevor man es in eine Form gießen kann. Manche, Thomas Mann etwa, führten sehr ausführlich Tagebuch, begeistert das Göttliche und das Profane streifend, andere schrieben schmerzhaft konkret, wie der Südpol-Forscher Robert Scott, 1912, kurz vor seinem Tod: »Es ist ein Jammer, aber ich glaube nicht, dass ich noch weiterschreiben kann. Um Gottes willen – sorgt für unsere Hinterbliebenen.«

Krieg ist die äußerste Zuspitzung von Krise. Und fast immer die Aussetzung aller Regeln. Das Leben, alle Gewohnheiten werden umgestürzt, nichts ist mehr sicher. Man muss schon sehr bei sich sein, um am Beginn eines Kriegs einen Tagebucheintrag hinzubekommen wie Franz Kafka, der am 2. August 1914 notierte: »Deutschland hat Rußland den Krieg erklärt. – Nachmittag Schwimmschule«.

Am Ende des Zweiten Weltkriegs beginnt eine Frau in Berlin damit, Tagebuch zu schreiben. Marta Hillers, die sich hinter dem Pseudonym Anonyma verbirgt, hat Geschichte studiert und als Journalistin gearbeitet, sie hat sich angepasst und durchgewurschtelt, eine »Kleinpropagandistin«, sagt die Historikerin Yuliya von Saal über sie – in einem Volk aus Kleinpropagandisten.

Wie viele andere auch hat Marta Hillers Angst vor den sowjetischen Soldaten. Wie nur wenige kann sie beschreiben, wie diese Angst im Alltag Platz nimmt. Der erste Eintrag ist vom 20. April 1945, einem Freitag. Hitler wird an diesem Tag 56 Jahre alt, zehn Tage später wird er sich erschießen, im Bunker unter der Neuen Reichskanzlei. »Ja, der Krieg rollt auf Berlin zu«, so beginnt Hillers ihr Tagebuch. Keiner weiß, wie es weitergehen wird, deshalb fürchten sich alle.

Hillers notiert, mit Bleistift, in alte Schulhefte oder auf lose Blätter, wie es ist, in diesen Tagen in Berlin zu leben. Genauer: Wie es ist, in diesen Tagen *als Frau* in Berlin zu leben. Sie schreibt über Vergewaltigungen und Verzweiflung, über Absetzbewegungen und über Anbiederung, übers Überleben also, lakonisch, drastisch, illusionslos, scheinbar kühl.

Einmal besucht Hillers eine Bekannte mit Namen Ilse. »Hastig wechseln Ilse und ich die ersten Sätze. ›Wie oft geschändet, Ilse?‹ – ›Viermal, und du?‹ – ›Keine Ahnung, hab mich vom Train zum Major hochdienen müssen.‹«

Eine Frau in Berlin erschien 1959 zum ersten Mal auf Deutsch, anonym, es wurde kein Erfolg. Das Buch, hieß es, sei eine »Schande für die deutsche Frau«.

Als 2003, zwei Jahre nach Marta Hillers' Tod, eine Neuauflage herauskam, immer noch anonym, wurde das Buch ein Bestseller und die Geschichte sogar verfilmt. Im selben Jahr wurde bekannt, dass »Anonyma« in Wahrheit Marta Hillers war. Eine Kontroverse entstand: Hatte Hillers das Buch allein geschrieben? Oder hatte ihr der bekannte Autor Kurt W. Marek geholfen? Sind die Notizen authentisch? Oder hat Hillers sie überarbeitet, verdichtet, literarisiert?

»Unsere Herzen sind leer gelaufen«: Das ist originell und klingt nach einer Verzweiflung, die dem Moment entspringt. »In der Finsternis und allein«? Das klingt nach einem Talent, das seine Muskeln anspannt. Drei Fragen folgen, das ist schon, mit ihrem biblischen Ton, ein Zurücktreten aus der Gegenwart, Kunst also: »Wozu? Wofür? Was ist mir aufgegeben?«

»Groß ist unsere geistige Not«, schreibt Hillers, es folgt ein weiterer Kunstgriff. Es gibt ja Wortpaare, die im Sprachgedächtnis als untrennbar abgespeichert sind. Blitz und Donner. Himmel und Hölle. Schuld und Sühne. Das eine nicht denkbar ohne das andere, das eine die Voraussetzung für das andere, als Ausgleich eines Mangels, als Komplementär.

Das Zwillingswort zu »Manna« ist Wüste. Vierzig Jahre dauerte die Wanderung der Israeliten durch die Wüste, und damit sie tagsüber keinen Hunger litten, fiel nachts »etwas Feines, Knuspriges, fein wie Reif« vom Himmel, weshalb Manna auch Himmelsbrot genannt wird, 2. Mose 16, »weiß wie Koriandersamen«.

Seelenbrot, eine Besinnung auf die Bibel, die Hoffnung auf Trost, auf Halt. Eine Frau im Krieg, ein Mensch in der Wüste – und ziemlich exakt der Augenblick, in dem sich Verzweiflung in Literatur verwandelt.

Gute Zeiten, schlechte Zeiten

Der Räuber Hotzenplotz nahm es mit seinem
Beruf sehr genau. Im Sommer stand er wochentags
immer pünktlich um sechs Uhr auf und spätestens
um halb acht verließ er die Räuberhöhle und ging
an die Arbeit.

Otfried Preußler, Der Räuber Hotzenplotz

1930 VERÖFFENTLICHTE DER Journalist Siegfried Kracauer sein Buch *Die Angestellten*. Ein Angestellter, das war laut Reichsarbeitsgericht ein Arbeitnehmer, »bei dessen Beschäftigung die gedankliche Arbeit die mechanische, mit der Hand geleistete, überwiegt«.

Kracauer sah nicht nur den einzelnen Beschäftigten, sondern eine bis dahin unbekannte Kultur. Ihn faszinierte ihre Widersprüchlichkeit: die Aufstiegshoffnungen der Angestellten, ihre Abstiegsängste. Die wirtschaftliche Lage des Angestellten ist ja prekär, sein Prestige jederzeit gefährdet; die Erinnerung an die Mühsal mechanischer Arbeit ist gerade mal eine Generation entfernt. Gleichzeitig kennt der Angestellte die Sehnsüchte des Bürgertums: das Bedürfnis, sich abzuheben, den Wunsch nach Ordnung. Kracauer beobachtete eine Art ideologischer Obdachlosigkeit. Den Angestellten, behauptete er, spuke eine »verschollene Bürgerlichkeit« nach.

1962 erschien das Kinderbuch *Der Räuber Hotzenplotz*. Der Räuber, schrieb Otfried Preußler drei Jahrzehnte nach Kracauer, »nahm es mit seinem Beruf sehr genau«. Er steht jeden Morgen pünktlich auf, jedenfalls unter der Woche, spätestens um halb acht verlässt er seine Höhle und geht an die Arbeit.

Räuber, das ist bei Preußler ein Ausbildungsberuf. »Ich bin gelernter Räuber«, sagt Hotzenplotz, darin schwingt der Stolz auf das Erreichte mit und die Zufriedenheit, eine Tätigkeit zu beherrschen, bei der die gedankliche Arbeit die mit der Hand geleistete nahezu überwiegt.

Hotzenplotz' Arbeitsplatz liegt an einer Landstraße. Hinter Ginsterbüschen versteckt wartet er auf Kundschaft. Kasperl und Seppel, seine einzigen Opfer, sind der ersehnte Publikumsverkehr, ohne den auch die Räuberei nur brotlose Kunst wäre.

Zum Räuberleben, das macht Preußlers Buch so modern, gehören Gefährdungen. Abstiegsängste. Ständig ist die Räuberei von Krisen bedroht, die Sorge vor dem Prestigeverlust teilt Hotzenplotz mit den Angestellten der Weimarer Republik, die in der Wirtschaftskrise, weit mehr als die Arbeiter, empfänglich waren für die Propaganda der Nazis.

Bei Preußler ist Hotzenplotz froh über das Erreichte und dabei ständig besorgt, ein gewissenhafter, älterer Arbeitnehmer.

Aber inzwischen war es halb zehn geworden und noch immer hatte er keine Beute gemacht.
»Schlechte Zeiten!«, schimpfte der Räuber Hotzenplotz. »Wenn das so weitergeht, muss ich mich allmählich nach einem anderen Beruf umsehen.«

»Es gibt eine Menge phantastischer E.T.A.-Hoffmann-Figuren unter den Angestellten vorgerückteren Alters«, schrieb Kracauer. »Irgendwo sind sie steckengeblieben und erfüllen seitdem ununterbrochen banale Funktionen, die alles andere eher als unheimlich sind.«

Auch Hotzenplotz' Räuberhöhle ist ein Abbild bürgerlicher Behaglichkeit. Eine Pfeffertonne gibt es darin und Platz für sieben Ersatzmesser, blank gewichste Stiefel und überhaupt ein tiefes Verlangen nach Gemütlichkeit; wenn er es sich bequem machen will, zieht sich dieser Hotzenplotz einen Hausrock über und zündet Kerzen an.

Der Schriftsteller Hans Fallada hat die Striche, die Kracauer aufs Papier warf, 1932 mit breitem Pinsel ausgemalt. In seinem Roman *Kleiner Mann – was nun?* verspottete er den Wunsch nach »Wohnkultur«. Alles soll »schrecklich sauber« sein, und obwohl der kleine Lohn Anschaffungen eigentlich nicht erlaubt, denkt Falladas Held, der Buchhalter Pinneberg, über den Kauf eines »Klubsessels aus Leder und eines eichenen Diplomaten« nach.

Pinneberg wie Hotzenplotz leben ein Leben im Wartestand. Sie hoffen auf das Außergewöhnliche, das nie geschieht. Ein widersprüchliches Leben: die Abhängigkeit vom Geschäftsgang auf der einen Seite, die Überhöhung der

Freizeit auf der anderen – in der Arbeit zieht es den Angestellten ständig nach unten, während er in der Freizeit nach oben strebt.

Der Räuber Hotzenplotz, das ist sein Glück, rettet sich schließlich in den großen Bereich der Dienstleistungen. Er hat zwar außer der Räuberei nichts gelernt, ist aber, dank seiner Disziplin, vermittelbar. Ein Angestelltenschicksal. Am Ende des letzten Bandes eröffnet er im Wald eine Gastwirtschaft.

Der Blick einer schönen Seele
auf die Welt

Göttliches sah man oben. Ringsum ins
Unabsehbare, Horizont hinter Horizont;
das unglaublichste Lichterspiel, von Dunkel
und Hell, auf Kornfeldern, der Schwächat,
die wie ein Thier das Thal bekroch, und sich
wand, auf Dörfern und Besitzungen ohne
Zahl, auf dunkeln, eigensinnigen Bergen.
Schafe weideten, Holz wurde gefällt in den
Bergwäldern, und lag reinlich, todt und duftend
da; auch einen Gewitterschlag hörten wir, aus
einer zum Platzen verdrießlichen, dunkeln, sich
senkenden Wolke. In manchem Thalfleck im
Gebirge war's so still, daß man nichts, und nur
Vögel hörte; denn auch wir, all die Nationen,
schwiegen auch. Es war ein Sonnentag nach
langem Regen.

Rahel Varnhagen an Karl August Varnhagen, 2. Juli 1815

OB JEMAND SCHREIBEN KANN, wird sofort deutlich, wenn es darum geht, eine Landschaft zu schildern. Das also, was jeder sieht – und gleichzeitig das, was nur der sieht, der hinter das Offensichtliche zu blicken vermag.

Rahel Varnhagen, die von 1771 bis 1833 lebte, ist bis heute eine der lesenswertesten und produktivsten deutschen Schriftstellerinnen, allein rund 6000 Briefe von ihr sind bekannt. Dass sie eine Zeit lang in Berlin Gesellschaften gab, bei denen sie Politiker und Forscher, Schauspielerinnen und Prinzen zusammenbrachte, trug ihr die Bezeichnung »Salonnière« ein. Sie sei »ein Mädchen von außerordentlichem Verstand«, fand Goethe, und »eine schöne Seele« überdies.

Im Oktober 1814, wenige Tage nach ihrer Hochzeit, reiste Rahel Varnhagen nach Wien. Napoleon war besiegt, der Wiener Kongress sollte Europa neu ordnen; ihr Mann, Karl August Varnhagen, war ihr als künftiger preußischer Staatsdiener vorausgereist. In Wien verfolgte Rahel Varnhagen, wie das große Ziel in Kleinstaaterei zersplitterte. »Hier wo man ganz Deutschland beieinander sieht, sieht man recht, wie auseinander es ist«, schrieb sie. Und fügte vorsichtshalber hinzu: »Kein Bonmot!«

Im Juni 1815 reiste Varnhagen nach Berlin zurück. Rahel blieb; den Sommer verbrachte sie in Baden bei Wien im Haus einer Freundin. Anfang Juli, das ist der oben zitierte Brief an ihren Mann, machte man einen Ausflug auf einen Berg. Ein Engländer und ein Franzose waren auch dabei, daher die »Nationen«, die im Brief so beeindruckt schweigen.

Ein Berg also, eine neue Perspektive. Und Rahel Varnhagen? Sieht, was die anderen sehen, gleichzeitig sieht sie, was nur sie allein sehen kann, kraft ihrer Klugheit, dank ihres Temperaments: dunkle, eigensinnige Berge, Licht auf Kornfeldern und dazwischen die Schwechat, die »wie ein Thier das Thal bekroch« – gibt es eine zweite Stelle in der Literatur, an der das seltsame Verb »bekriechen« treffender eingesetzt wäre als hier, bei diesem Flüsschen, und auch noch in der ungewohnten Vergangenheitsform?

Das eben unterscheidet ja den Künstler vom Touristen: Der Letztere sieht, was da ist, er findet die Natur ausgebreitet und das Vorhandene immer bloß nebeneinandergelegt. Während der andere, der Künstler, überall hinter dem, was da liegt, das sieht, was es bedeutet. Göttliches sah man oben, schreibt Varnhagen. Mitunter steigt man nur deshalb auf einen Berg, um Dinge zusammendenken zu können.

Schön, was Varnhagen dabei alles entdeckt. Horizont hinter Horizont, Lichterspiele, verdrießliche Wolken. Kunst, wird Rilke ein Jahrhundert später sagen, »Kunst heißt, nicht wissen, daß die Welt schön ist, und eine machen.«

Und andererseits: das tote Holz, die Stille nach dem Gewitter, der Fluss, der das Tal bekriecht – hat der Ausblick vom Berg nicht auch etwas von Vorahnung, etwas Verschattetes?

Hannah Arendt hat mal etwas Schönes über Rahel Varnhagen gesagt, in anderem Zusammenhang, aber es passt auch hier: Ob man nicht stets am Ende sei, »wenn man nicht mehr zerstreut und beteiligt am Einzelnen, Gegenwärtigen ist, an Glück und Unglück, wenn alles schon entschieden ist, der Anfang wieder eindringlich da, all das, was man vergessen mußte, um weiter zu können, überströmt von der Fülle und dem viel zu Vielen eines menschlichen Lebens?« Arendt gab ihrem Buch den Untertitel »Lebensgeschichte einer deutschen Jüdin aus der Romantik«. Und sie fragte weiter: »Und gebärdet sich nicht der Anfang stets als das Eigentliche, nicht Zerstörbare, als der Kern?«

Irgendwann an diesem Sommertag 1815 steigt man wieder ins Tal hinunter. Die Sonne ist weg, Zeit, sich über den Abend als solchen Gedanken zu machen, über das Eigentliche, das nicht Zerstörbare: »Unschuldig, verhältnißlos, unpersönlich, ungekränkt, ohne Forderung, paradiesisch, ohne Unfall: ganz still athmete er selbst, Glück ein, Glück aus, ohne Zukunft, er war da, befreit, in Glück«, schreibt Rahel Varnhagen: eine selbstbewusste Frau, »stark in jeder ihrer Empfindungen«, das ist noch mal Goethe, »und dabei leicht in ihren Äußerungen«.

Eine schöne Seele also. Mit einem einzigartigen Blick auf die Welt.

Das ganze Leben in einer Sentenz

Der Kreis schließt sich – ein erfülltes Leben ist vollendet: eine glückliche Familie, ein lieber Mann und Gefährte, in schweren Zeiten Furchtlosigkeit und Unbeugsamkeit, in besseren Jahren Freude und Anmut. Alles war da.

Unbekannt, Todesanzeige

———

EIN ZITAT, EINEN TRAUERSPRUCH für eine Todesanzeige zu finden ist anspruchsvoll. Kurz soll der Spruch sein und wahr, ein ganzes Leben soll er in seiner Einzigartigkeit erfassen und gleichzeitig überhöhen, er soll eine Summe ziehen und in wenigen Worten formulieren, was dieses Leben ausmachte. Was bleibt.

Der Tod, sagt Rilke, ist groß. Und weil mit dem Tod alles endet – oder für andere: alles beginnt –, ist der Trauerspruch beinahe eine eigene literarische Gattung geworden. Durch Ernst und Aufrichtigkeit, durch Originalität und Tiefe soll er die Behauptung beglaubigen, dass hier ein Leben tatsächlich gelebt wurde.

Weil selbst nahe Angehörige an dieser Aufgabe häufig

scheitern, gibt es den Ausweg in die Konfektion. Es ist verführerisch, auf das zurückzugreifen, was sich bewährt hat – und einen Vers auszuwählen, der schon Tausende Male zuvor zuverlässig das Gefühl der Einzigartigkeit hervorgerufen hat. Hesse ist beliebt, Eichendorff auch, ebenso Saint-Exupéry; Fernöstliches ist gefragt und überhaupt vage Religiöses, gern von außerhalb der eigenen Konfession.

»Alles Getrennte findet sich wieder«, das ist immerhin Hölderlin, und trostreich ist es auch. »Man sieht nur mit dem Herzen gut. Das Wesentliche ist für die Augen unsichtbar«: Saint-Exupérys kleiner Prinz, schön empfunden und ein wenig auch Poesiealbum.

Lässt sich ein Leben überhaupt in eine Sentenz fassen? Und andersherum: Kann man ein Leben, das sich nicht in eine Sentenz fassen lässt, überhaupt Leben nennen?

Es ist eine Kunst, dem Verstorbenen nachzurufen, was ihn ausmachte – und dabei liebevoll und respektvoll zugleich zu bleiben. Im Idealfall erkennte sich der Tote, könnte er seine eigene Traueranzeige lesen, in dem Spruch wieder; und einigermaßen gern.

»Und am Anfang war er so beliebt« – das ist, wenn überhaupt, eher aufrichtig gedacht als schmerzvoll empfunden, da hilft auch der Nachsatz »Seine guten Seiten haben wir nicht vergessen« kaum weiter.

»Nie gekämpft, im Strom des Lebens getrieben ... darin untergegangen«? Sollte sich darin ein Tadel verbergen, so käme er um ein weniges zu spät.

Umso bewegender ist es, wenn jemand tatsächlich Worte findet für das, was ein Leben ausmacht; was ein Leben erfüllt.

Der Kreis schließt sich – das ist abgeklärt und bewährt, damit lässt sich anfangen. Der Tod gehört ja zum Leben, wir sterben in dem Moment, da wir geboren werden. Wiederum Rilke: »Wenn wir uns mitten im Leben meinen, wagt er zu weinen mitten in uns.«

Eine glückliche Familie, ein lieber Mann und Gefährte, da klingt das Verlässliche mit, Zärtlichkeit und Nähe. Und wie viel Trost in dem Wort »Gefährte« steckt. Ist »lieber Mann« nicht viel stärker als »geliebter Mann«? Oder gar »über alles geliebter«?

In einem langen Leben gibt es immer beides, Freude und Leid, gute und schlechte Zeiten. Welche Wörter treffen, was ein erfülltes Leben ausmacht? »In schweren Zeiten Furchtlosigkeit und Unbeugsamkeit, in besseren Jahren Freude und Anmut«, so könnte es gehen. Jedes dieser Wörter ist eindeutig und stark. Vielsilbig sind »Furchtlosigkeit« und »Unbeugsamkeit«, weil sie einen festen Grund bieten müssen gegen die Unbilden des Lebens, leichter und zweisilbig-heiter sind »Freude« und »Anmut«. Nicht in guten, sondern in »besseren« Zeiten – klingt da, neben dankbarer Bescheidenheit, nicht auch eine verschmitzte Demut an?

Über die großen Fragen des Lebens zu schreiben ist überraschend einfach, wenn man für das Außergewöhnliche gewöhnliche Wörter findet. »Alles war da«, das sind die allergewöhnlichsten Wörter, die sich denken lassen, und wie lebenssatt und lebensklug ist das, wie staunend und anrührend. Da endet ein Leben, das nicht nur abgelebt, sondern ausgekostet wurde.

Ein Kreis schließt sich. Nichts endet jemals, nichts geht jemals verloren. Trauer und Zuversicht. Alles war da.

Reden über die Absurdität
der Welt

Martin erkannte einen jungen Braunbären,
der sich sowohl mit seiner Farbe als auch mit
dem Westerwald vertan hatte. Elsbeth sah ein
Minishetlandpony, dem wegen der launischen
Natur die Hufe fehlten, der Optiker vermutete
ein bislang unentdecktes Landsäugetier, und
die traurige Marlies, die einen Taschenspiegel
herausgeholt hatte und ausführlich ihre Lidränder
betrachtete, sah kurz auf und sagte: »Ich weiß
nicht, was es ist, aber es sieht irgendwie schlimm
nach Winter aus.«

<small>Mariana Leky, Was man von hier aus sehen kann</small>

ZU DEN FREIHEITEN der Schriftstellerei gehört, dass man sich als Autor sein Personal nicht nur selbst erschaffen kann – man darf die Leute auch reden lassen, was man will. *Irgendetwas*, gern auch schöne, auf den ersten Blick entbehrliche Sinnlosigkeiten, die, wenn die Geschichte wirklich funktioniert, auf sehr geheimnisvolle Weise dann doch einen Sinn ergeben, und sei es den, den der Leser hineinliest, weil er Sinnlosigkeit nun mal schlecht aushält.

»Mich interessiert nicht mehr, daß ich sterbe«, sagt beispielsweise ein gewisser Korim in László Krasznahorkais Roman *Krieg und Krieg*. Und dann, nach einer längeren Pause, schreibt Krasznahorkai, »deutete er auf einen nahen Grubenteich: *Sind das dort Schwäne?*«

Schön ist das. Sätze, die auf den ersten Blick überhaupt nicht dort stehen sollten und auf den zweiten natürlich schon: die genau *so* gesagt werden müssen, die genau an *dieser* Stelle stehen müssen, weil sich die Absurdität der Welt bisweilen nur durch absurde Äußerungen abbilden lässt.

Gleichgültigkeit und Tod, große Themen also – und dann: Sind das dort Schwäne? Das Interesse Korims an Umwelt und Leben ist wieder da, vielleicht war es nie weg, wer weiß; das Leben geht weiter, wie ja alles immer weitergeht, irgendwie – das ist dann der Trost, den Romane bereithalten: dass jede Geschichte den Keim zu einer neuen Geschichte schon in sich trägt.

Mariana Leky, 1973 in Köln geboren, hatte 2017 mit *Was man von hier aus sehen kann* einen Bestseller. Ein Dorf im Westerwald, Sichtbares und Unsichtbares, dazu Figuren, die man lange nicht vergisst, wie die ewig schlecht gelaunte Marlies zum Beispiel. Und dann bringt jemand auch noch einen Hund in diese Welt.

»Was ist das?«, fragt einer, und die Frage steht da selbstverständlich nur, damit ein anderer genau das antworten kann, was Hundebesitzer mit unklaren Vorlieben auf solche Fragen immer antworten: »Ein Mischling. Da ist ein Irischer Wolfshund drin.«

Wie Figuren in Romanen zu reden haben, das kann man, gegen Geld, in Schreibschulen lernen. Dialekt ist angeblich erwünscht, Eigenarten überhaupt, dazu ein Maß an Mündlichkeit. Es gehe darum, dem Leben Wahrhaftigkeit abzulauschen, heißt es; ein Irrtum, oft jedenfalls.

Hier, bei Mariana Leky, klingen die Dialoge immer ein wenig so, als wäre die Autorin beim Schreiben von ihrem eigenen Personal überrascht worden. Als führten die Figuren ein Eigenleben; als hätte Leky die Dialoge schon im Ohr gehabt, und die Figuren (in diesem Fall: die herrlich mürrische Marlies, die, in ihrem ausgeleierten Norwegerpulli, nur selten das Haus verlässt) wären ihr dann ins Wort gefallen.

Wem oder was also sieht der Hund ähnlich? Einem jungen Braunbären, der sich in der Farbe vertan hat? Einem Shetlandpony, dem die Hufe fehlen, warum auch immer? Worauf Marlies, die bisher geschwiegen hat, den großartig sinnlosen Satz sagt: »Ich weiß nicht, was es ist, aber es sieht irgendwie schlimm nach Winter aus.«

An diesem Satz stimmt alles: Timing, Rhythmus, Tonfall. Die Überraschung, um die es beim Erzählen gehen muss, kommt ja häufig dadurch zustande, dass die Erwartung des Publikums unterlaufen wird. Entweder spricht jemand, dessen vornehme Gesinnung man bewundert, unerwartet vulgär; oder ein anderer, dessen vulgäre Gesinnung man kennt, äußert sich unerwartet wohlerzogen, auch das kann hübsche Effekte zeitigen.

Ein unvergesslicher Satz, Karlheinz Böhm sagt ihn zu Margit Carstensen, die in Fassbinders Ehe-Horrorfilm »Martha« seine Frau spielt: »Ich würde so gerne haben, wenn du ganz schnell ganz braun würdest.« Bevor er, nach einem

Schnitt, die nackt auf dem Bett Liegende, schlimm verbrannt am ganzen Körper, vergewaltigt.

Und Leky, die übrigens in dem Jahr geboren wurde, als Fassbinder »Martha« drehte? Hört einfach zu, was in ihrem Buch so geredet wird. Und lässt sich überraschen.

Ein anderes Beispiel, nur ein paar Zeilen weiter. »Ich habe mir doch aber gar keinen Hund gewünscht«, sagt Selma, die Großmutter, nachdem sie lange auf ebendiesen Hund geschaut hat.

»Einen Bildband über Alaska hast du dir ja auch nicht gewünscht«, sagt darauf Elsbeth, »trotzdem wirst du lange Freude daran haben.«

»Ich gebe nur Denkanstöße«

»Weißt du übrigens, was rauskommt, wenn man Amazon rückwärts buchstabiert?«, fragt das Känguru.

»Nee«, sage ich und überlege kurz. »N, O, Z, A, M, A?«

»Genau!«, sagt das Känguru.

»Und?«, frage ich.

»Schon mal was von Nozama bin Laden gehört?«

»Was willst du damit sagen?«

»Ich will gar nichts sagen«, sagt das Känguru. »Ich gebe nur Denkanstöße.«

Marc-Uwe Kling, Die Känguru-Chroniken

ES GIBT MENSCHEN, die finden, dass auf der Welt immer noch zu wenig geredet wird. Dass wir uns mehr austauschen sollten, jederzeit, über alles. Weil Reden hilft. Weil wir doch über alles reden können. Weil das, was gesagt werden kann, auf jeden Fall gesagt werden muss.

Weil man Dinge aussprechen muss. Bücher (und Filme),

die diesem Konzept folgen, sind ein wenig dialoglastig, was fast immer eine Konzentrationsübung und mitunter sehr komisch ist.

Denn es ist ja ein großes Missverständnis: dass wir uns umso besser verstehen, je mehr wir miteinander reden. Dass wir nur sagen müssen, was ist, damit der Weltfrieden sich endlich einstellt.

In Wirklichkeit hilft Reden nicht weiter, das weiß jeder, der mal bei einem Elternabend war. Verständigung ist eine Illusion. Weil Menschen, selbst wenn sie dasselbe sagen, trotzdem oft völlig unterschiedliche Dinge meinen. Und weil es ohnehin nahezu ausgeschlossen scheint, in Worte zu fassen, was einen so umtreibt.

Es gibt sogar die Theorie, dass Verständigung zwischen zwei Menschen grundsätzlich unmöglich sei, jedenfalls mittels der Sprache. Dass jedes Wort sofort zu Missverständnissen führt. Dass Sprache verwirrt, Sachverhalte aber kaum je klärt. Worüber man nicht reden könne, hat der Philosoph Ludwig Wittgenstein gesagt, darüber müsse man schweigen, bevor er sich in die irische Einsamkeit zurückzog.

Komik entsteht, sobald zwei Menschen miteinander reden. Weil Dinge nicht zusammenpassen, und weil eine Lücke klafft zwischen Soll und Haben, Schein und Sein.

Was sagt die Frau am Nebentisch, als Meg Ryan dem verblüfften Billy Crystal in einem voll besetzten Restaurant ausführlichst einen Orgasmus vorspielt, 1989, in dem überhaupt sehr lustigen Film »Harry und Sally«?

»Ich will genau das, was sie hatte.«

Manchmal kippt die Komik auch in Verzweiflung, wenn das Aneinander-Vorbeireden, das Nicht-auf-den-Punktkommen-Können kein Ziel mehr findet, ein ewiger Elternabend sozusagen, wie bei Samuel Beckett.

> ESTRAGON: *Lass uns gehen!*
> VLADIMIR: *Das können wir nicht.*
> ESTRAGON: *Warum nicht?*
> VLADIMIR: *Wir warten auf Godot.*
> ESTRAGON: *(verzweifelt) Ah!*

Marc-Uwe Kling, ein mäßig erfolgreicher Kleinkünstler, wurde berühmt, als er ein Buch über einen mäßig erfolgreichen Kleinkünstler schrieb, bei dem ein Känguru einzieht. Das Känguru ist Kommunist und mag Schnapspralinen; der Rest besteht aus Dialogen und ist sehr, sehr komisch.

»Weißt du übrigens«, so fängt es meist an. »Weißt du übrigens, was rauskommt, wenn man Amazon rückwärts buchstabiert?« Wobei das herrlich beiläufige »übrigens« jeden Dialogpartner in eine Falle zieht, aus der er sich nicht mehr befreien kann; ganze Verschwörungstheorien gründen solide auf einem scheinbar achtlos hingeworfenen »übrigens«.

Eine banale Beobachtung also, eine Fährte (»N-O-Z-A-M-A«), eine Bestätigung, die keine ist. »Genau.«

In einer gerechten Welt wäre das Gespräch hier zu Ende. Deshalb ist es natürlich unbedingt notwendig, dass an dieser Stelle weitergeredet wird. Wie im richtigen Leben auch. Weil einer das Schweigen nicht aushält. Oder weil Reden hilft, wobei auch immer.

»Und?«

Genau hier fällt Kling die erste von zwei ziemlich guten Pointen ein. Und gerade dass beide Pointen vollkommener Blödsinn sind, macht eben ihre Schönheit aus.

»Schon mal was von Nozama bin Laden gehört?«, will also das Känguru wissen. Marc-Uwe fragt daraufhin, was jeder fragen würde, der sich innerhalb einer Logik wähnt: »Was willst du damit sagen?«

Worauf das Känguru das antwortet, was jemand antwortet, der außerhalb jeder Logik lebt – und zu einer großartigen, zeitlos gültigen Pointe ansetzt. »Ich will gar nichts sagen«, sagt also das Känguru. »Ich gebe nur Denkanstöße.«

Ein halber Rückzieher, ein halber Schritt nach vorn, hin zum nächsten Gespräch, das ebenfalls im Absurden versanden wird, weil das Leben anders nicht auszuhalten wäre. Übrigens.

Das ist lustig, ein Trost ist es auch. Richtiges Auffassen einer Sache und Missverstehen der gleichen Sache schließen einander nicht vollständig aus. Franz Kafka hat das geschrieben, auch er ein großer, verzweifelter Komiker.

In Herrlichkeit. Amen.

Denn dein ist das Reich
und die Kraft
und die Herrlichkeit
in Ewigkeit.
Amen.

Vaterunser (Matthäus 6,13)

———

DIE DEUTSCHE SPRACHE zeigt mitunter eine Vorliebe fürs Umständliche, Apothekerhafte: Rindfleischetikettierungsüberwachungsaufgabenübertragungsgesetz. Das ist bequem; schön ist es nicht. Dabei kennt auch das Deutsche starke Wörter, sobald es um Wesentliches geht: Krieg und Tod, Neid und Gier, Hass und Furcht, Pein, Macht und Qual. Bei Gefühlen und Affekten ist das Deutsche ganz bei sich, elementar und knapp.

Beim Vaterunser, dem populärsten Gebet der Christenheit, geht es um Wesentliches. Jesus sagt seinen Jüngern, wie sie beten sollen; wie man redet, wenn man zu Gott spricht. Er will, dass sich die Christen von Pharisäern oder Heiden unterscheiden, jede Religion braucht ein Alleinstellungsmerkmal, wenn sie erfolgreich sein will. Das ist anspruchsvoll, auch für die Gläubigen. Man muss es deshalb so einfach wie möglich erklären.

Um seine Lehre zu verkünden, stieg Jesus auf einen Berg. Das weckte Erwartungen. Mose, der Letzte, der vor ihm auf einen Berg gestiegen war, brachte immerhin zehn Gebote mit. Und, tatsächlich: Jesus lieferte. Seine Bergpredigt, Matthäus 6, 9–13, ist einer der bekanntesten Texte der Bibel – und das Vaterunser das geläufigste Gebet des Christentums. Gläubige aller christlichen Konfessionen sprechen es, auf dem Ölberg in Jerusalem steht heute, an jener Stelle, an der Jesus seine Jünger im Beten des Vaterunsers unterwiesen haben soll, die Paternosterkirche, eine Tafel im Innern zeigt den deutschen Text des Gebets.

Das Vaterunser ist eine Zwiesprache, formelhaft, vertraut. Ein Dialog unter Ungleichen. Ich bin der Herr, dein Gott: das erste Gebot. Vater unser, der du bist im Himmel.

Gott ist unsichtbar, aber allgegenwärtig, das ist die Idee. Jeder Gläubige kann ihn jederzeit und überall erreichen. Wer glaubt, der erwartet, dass Gott ihn anhört. Er kann allerdings nicht darauf setzen, dass Gott antwortet. Lässt sich Gottes Wille durch Gebete beeinflussen? Oder ändert sich alles allein dadurch, dass der Betende hofft?

Konzentration ist nötig, Vertrauen, Liebe, Respekt. »Ich bin klein, mein Herz ist rein«, so beten Kinder. »Geheiligt werde dein Name«, so beten Erwachsene, die ja, in der Logik ihres Glaubens, auch nur Kinder Gottes sind.

Muss ein Gebet verständlich sein? Oder reicht es, darauf zu vertrauen, dass jemand, der als Gott verehrt wird, einen schon verstehen wird, quasi von Amts wegen?

Das Vaterunser enthält vor allem Bitten: fünf bei Lukas, sieben bei Matthäus. Nur die Matthäus-Version endet mit der Doxologie, dem »rühmenden Wort«. Es nimmt die Anfangsbitte wieder auf (»Dein Reich komme«) und gibt die Zusage Gottes auffordernd an diesen zurück: »Denn dein ist das Reich ...«

Dies ist das Finale. Es beginnt zunächst mit starken, einsilbigen Wörtern, eine Art Anlauf: Denn dein ist das Reich und die Kraft. Das hat Rhythmus und Wucht. Es könnte einsilbig weitergehen, als ein treibendes »Voran«. Es soll aber hinauf, da hilft es, dass mit »Herrlichkeit« ein dreisilbiges Wort folgt; der Anlauf mündet in einen Dreisprung, in Richtung Licht, Himmel, Abstraktion.

»Herrlichkeit« und das nachfolgende »Ewigkeit« sind auf den ersten Blick deutlich weniger sinnlich als beispielsweise ihre englischen Entsprechungen »the glory, forever«, verschwatzter auch als das Lateinische (gloria in saecula). Sie sind aber auch gewichtiger. Durch ihre Schwere geben sie der Anrufung Gottes ein Fundament.

Ein mittelmäßiger Redner hätte an dieser Stelle drei Begriffe für ausreichend gehalten: Reich, Kraft, Herrlichkeit. Das funktioniert fast immer, bei »Glaube, Liebe, Hoffnung« ebenso wie bei »Spiel, Satz, Sieg«. Überwältigend ist das Vaterunser, weil es über das Erwartbare hinausgeht, indem es ein Viertes hinzunimmt: Ewigkeit. Jesus baut eine Treppe aus Wörtern, hin zum Großen, hin zum Größten, *a stairway to heaven*. So mitreißend kann Gewissheit sein: nichts weniger als Herrlichkeit, nicht weniger als Ewigkeit. Ein jubelndes Crescendo, vom Berg herunter in die Welt.

Und dann, als Schlussstein, das Amen.

Nachweise

Andersen, Hans Christian: *Sämmtliche Märchen*. Verlag Wartig, Leipzig, 1877.
Anonyma: *Eine Frau in Berlin*. Eichborn Verlag, Frankfurt/Main, 2003.
Arendt, Hannah: *Eichmann in Jerusalem*. Reclam-Verlag Leipzig, 1990.
Bachmann, Ingeborg/Paul Celan: *Herzzeit. Briefwechsel*. Suhrkamp Verlag, Frankfurt/Main 2008.
Borchardt, Rudolf: Brief an Robert Davidsohn, 4. Januar 1934. In: ders.: *Anabasis. Aufzeichnungen, Dokumente, Erinnerungen 1943–1945*. Edition Tenschert bei Hanser, München und Wien, 2003.
Büchner, Georg: *Werke und Briefe*. Deutscher Taschenbuch Verlag, München, 1988.
Canetti, Elias: *Masse und Macht*. Hanser, München, 1976.
Freud, Sigmund: Brief an C.G. Jung, 3. Januar 1913. In: Sigmund Freud/C.G. Jung: *Briefwechsel*. Hg. von William McGuire und Wolfgang Sauerländer. S. Fischer Verlag, Frankfurt/Main, 1974.
Friedell, Egon: *Kulturgeschichte der Neuzeit*. C.H. Beck, München, 2007.
Grimm, Jacob und Wilhelm: »Aschenputtel«. In: dies.: *Kinder- und Haus-Märchen*, Band 1. Berlin 1812.
Haffner, Sebastian: *Anmerkungen zu Hitler*. Kindler Verlag, München, 1978.
Herrndorf, Wolfgang: *Arbeit und Struktur*. Rowohlt Verlag, Berlin, 2013.
Herzog, Werner: *Vom Gehen im Eis*. Fischer Taschenbuch Verlag, Frankfurt/Main, 1987.

Hofmannsthal, Hugo von: *Brief des Lord Chandos*. Agora Verlag, Darmstadt, 1975.

Jesenská, Milena: *Prager Hinterhöfe im Frühling. Feuilletons und Reportagen 1919–1939*. Hg. von Alena Wagnerová. Wallstein Verlag, Göttingen, 2020.

Johnson, Uwe: *Jahrestage. Aus dem Leben von Gesine Cresspahl*. Suhrkamp Verlag, Frankfurt/Main, 1970.

Kafka, Franz: *Die Aeroplane in Brescia*. S. Fischer Verlag, Frankfurt/Main, 1977.

Kästner, Erich: *Das fliegende Klassenzimmer*. Cecilie Dressler Verlag, Berlin, 1973.

Kehlmann, Daniel: *Die Vermessung der Welt*. Rowohlt Verlag, Reinbek bei Hamburg, 2005.

Kerr, Alfred: *Sucher und Selige, Moralisten und Büßer. Literarische Ermittlungen* (Werke in Einzelbänden IV). Hg. von Margret Rühle und Deborah Vietor-Engländer. S. Fischer Verlag, Frankfurt/Main, 2009.

Keun, Irmgard: »Bilder aus der Emigration«. In: *Wenn wir alle gut wären*. Hg. und mit einem Nachwort von Wilhelm Unger. Kiepenheuer & Witsch, Köln, 1983.

Kleist, Heinrich: *Sämtliche Werke*. Emil Vollmer Verlag, München, 1976.

Kling, Marc-Uwe: *Die Känguru-Chroniken*. Ullstein Taschenbuch Verlag, Berlin, 2009.

Koeppen, Wolfgang: *Amerikafahrt*. Suhrkamp Taschenbuch Verlag, Frankfurt/Main, 1982.

Kracht, Christian: *Faserland*. Kiepenheuer & Witsch, Köln, 1995.

Leky, Mariana: *Was man von hier aus sehen kann*. DuMont Buchverlag, Köln, 2017.

Luxemburg, Rosa: In: Blumenberg, Werner: *Einige Briefe Rosa Luxemburgs*. Cambridge University Press, 1963.

Mann, Thomas: »Friedrich und die große Koalition«. In: *Essays*. Band 1. Fischer Taschenbuch Verlag, Frankfurt/Main 1993.

May, Karl: *Winnetou III*. Abrufbar unter: https://www.karl-may-gesellschaft.de/kmg/primlit/reise/gr09/inhalt.htm

Preußler, Otfried: *Der Räuber Hotzenplotz*. Thienemann Verlag, Stuttgart, 1962.

Rilke, Rainer Maria: Brief an Ilse Erdmann, 21. Dezember 1913. In: ders.: *Briefe. Erster Band, 1897 bis 1914*. Insel-Verlag, Wiesbaden, 1950.

Roth, Joseph: *Werke, Bd. 3: Das journalistische Werk 1929-1939*. Kiepenheuer & Witsch, Köln 2009.

Scherer, Marie-Luise: »Der unheimliche Ort Berlin«. In: *Ungeheurer Alltag*. Rowohlt Verlag, Reinbek bei Hamburg, 1988.

Schiller, Friedrich: *Geschichte des Dreißigjährigen Kriegs*. Bertelsmann Verlag, Gütersloh, 1964.

Schmidt, Arno: *Arno Schmidts Wundertüte – Eine Sammlung fiktiver Briefe aus den Jahren 1948/49*. Hg. von Bernd Rauschenbach. Suhrkamp Verlag, Frankfurt/Main, 2004.

Seghers, Anna: *Das siebte Kreuz*. Sammlung Luchterhand, Frankfurt/Main, 1973.

Stifter, Adalbert: »Die Sonnenfinsternis am 8. Juli 1842«. In: ders.: *Die Mappe meines Urgroßvaters. Schilderungen, Briefe*. Hg. von Karl Pörnbacher. Artemis & Winkler Verlag, München, 1995.

Stuckrad-Barre, Benjamin von: *Soloalbum*. Kiepenheuer & Witsch, Köln, 1998.

Süskind, Patrick: *Das Parfum*. Verlag Volk und Welt, Berlin, 1990.

Tergit, Gabriele: *Vom Frühling und von der Einsamkeit – Reportagen aus den Gerichten*. Schöffling & Co., Frankfurt/Main, 2020

Unseld, Siegfried: Brief an Thomas Bernhard, 24. November 1988. In: Thomas Bernhard/Siegfried Unseld: *Der Briefwechsel*. Suhrkamp Verlag, Frankfurt/Main, 2009.

Varnhagen, Rahel: Brief an Karl August Varnhagen, 2. Juli 1815. In: dies.: *Rahel. Ein Buch des Andenkens für ihre Freunde. Zweiter Theil*. Duncker und Humblot, Berlin, 1834.

Widmer, Urs: *Liebesnacht*. Diogenes Verlag, Zürich, 1982.

Zweig, Stefan: *Magellan. Der Mann und seine Tat*. Fischer Taschenbuch Verlag, Frankfurt/Main, 1983.

Penguin Random House Verlagsgruppe FSC® N001967

2. Auflage 2021
Copyright © 2021 by Deutsche Verlags-Anstalt, München,
in der Penguin Random House Verlagsgruppe GmbH,
Neumarkter Straße 28, 81673 München,
und SPIEGEL-Verlag Rudolf Augstein GmbH & Co. KG,
Ericusspitze 1, 20457 Hamburg
Umschlaggestaltung: Favoritbuero, München
Umschlagabbildung: flovie/Shutterstock.com
Satz: DVA/Andrea Mogwitz
Druck und Bindung: Friedrich Pustet, Regensburg
Printed in Germany
ISBN 978-3-421-04888-2
www.dva.de

Preußler, Otfried: *Der Räuber Hotzenplotz*. Thienemann Verlag, Stuttgart, 1962.
Rilke, Rainer Maria: Brief an Ilse Erdmann, 21. Dezember 1913. In: ders.: *Briefe. Erster Band, 1897 bis 1914*. Insel-Verlag, Wiesbaden, 1950.
Roth, Joseph: *Werke, Bd. 3: Das journalistische Werk 1929-1939*. Kiepenheuer & Witsch, Köln 2009.
Scherer, Marie-Luise: »Der unheimliche Ort Berlin«. In: *Ungeheurer Alltag*. Rowohlt Verlag, Reinbek bei Hamburg, 1988.
Schiller, Friedrich: *Geschichte des Dreißigjährigen Kriegs*. Bertelsmann Verlag, Gütersloh, 1964.
Schmidt, Arno: *Arno Schmidts Wundertüte – Eine Sammlung fiktiver Briefe aus den Jahren 1948/49*. Hg. von Bernd Rauschenbach. Suhrkamp Verlag, Frankfurt/Main, 2004.
Seghers, Anna: *Das siebte Kreuz*. Sammlung Luchterhand, Frankfurt/Main, 1973.
Stifter, Adalbert: »Die Sonnenfinsternis am 8. Juli 1842«. In: ders.: *Die Mappe meines Urgroßvaters. Schilderungen, Briefe*. Hg. von Karl Pörnbacher. Artemis & Winkler Verlag, München, 1995.
Stuckrad-Barre, Benjamin von: *Soloalbum*. Kiepenheuer & Witsch, Köln, 1998.
Süskind, Patrick: *Das Parfum*. Verlag Volk und Welt, Berlin, 1990.
Tergit, Gabriele: *Vom Frühling und von der Einsamkeit – Reportagen aus den Gerichten*. Schöffling & Co., Frankfurt/Main, 2020
Unseld, Siegfried: Brief an Thomas Bernhard, 24. November 1988. In: Thomas Bernhard/Siegfried Unseld: *Der Briefwechsel*. Suhrkamp Verlag, Frankfurt/Main, 2009.
Varnhagen, Rahel: Brief an Karl August Varnhagen, 2. Juli 1815. In: dies.: *Rahel. Ein Buch des Andenkens für ihre Freunde. Zweiter Theil*. Duncker und Humblot, Berlin, 1834.
Widmer, Urs: *Liebesnacht*. Diogenes Verlag, Zürich, 1982.
Zweig, Stefan: *Magellan. Der Mann und seine Tat*. Fischer Taschenbuch Verlag, Frankfurt/Main, 1983.

Penguin Random House Verlagsgruppe FSC® N001967

2. Auflage 2021
Copyright © 2021 by Deutsche Verlags-Anstalt, München,
in der Penguin Random House Verlagsgruppe GmbH,
Neumarkter Straße 28, 81673 München,
und SPIEGEL-Verlag Rudolf Augstein GmbH & Co. KG,
Ericusspitze 1, 20457 Hamburg
Umschlaggestaltung: Favoritbuero, München
Umschlagabbildung: flovie/Shutterstock.com
Satz: DVA/Andrea Mogwitz
Druck und Bindung: Friedrich Pustet, Regensburg
Printed in Germany
ISBN 978-3-421-04888-2
www.dva.de